Henry David Thoreau

VOM UNGEHORSAM GEGEN DEN STAAT
VOM GEHEN DURCH DIE NATUR

Henry David Thoreau

VOM UNGEHORSAM GEGEN DEN STAAT

★

VOM GEHEN DURCH DIE NATUR

Aus dem amerikanischen Englisch
neu übersetzt
von Meike Breitkreutz

Anaconda

Die Übersetzung folgt der Ausgabe
Henry D. Thoreau: *Walden, Civil Disobedience, and Other Writings. Authoritative Texts, Journal, Reviews and Posthumous Assessments, Criticism.* Third Edition. Ed. by William Rossi. New York, London: W. W. Norton & Company 2008 [A Norton Critical Edition]. Der Essay *Civil Disobedience* erschien zuerst im Mai 1849 unter dem Titel *Resistance to Civil Government* in der Zeitschrift *Aesthetic Papers.* Der Essay *Walking* erschien in der hier zugrundegelegten Form zuerst im Juni 1862, kurz nach Thoreaus Tod, in der Zeitschrift *Atlantic Monthly.*

Die Deutsche Nationalbibliothek verzeichnet diese Publikation in der Deutschen Nationalbibliografie; detaillierte bibliografische Daten sind im Internet unter http://dnb.d-nb.de abrufbar.

Umschlagmotiv: George Caleb Bingham (1811–1879), »Stump Speaking«, Private Collection/bridgemanart.com
Umschlaggestaltung: Bluguy Grafik-Design, München
Satz und Layout: Roland Poferl Print-Design, Köln
Printed in Czech Republic 2010
ISBN 978-3-86647-462-8
www.anacondaverlag.de
info@anaconda-verlag.de

Inhalt

Vom Ungehorsam gegen den Staat

Ich bin zutiefst überzeugt von dem Leitsatz: »Die beste Regierung ist die, welche am wenigsten regiert«, und ich wünschte, es würde schneller und zielstrebiger nach diesem Motto gehandelt. Wird es befolgt, läuft es schließlich auf einen zweiten Leitsatz hinaus, an den ich ebenfalls glaube: »Die beste Regierung ist die, welche überhaupt nicht regiert«; und wenn die Menschen dafür bereit sind, dann wird dies ihre Regierungsform sein. Eine Regierung ist bestenfalls ein Notbehelf; aber die meisten Regierungen sind für gewöhnlich – und alle Regierungen sind manchmal – nutzlos. Die Einwände, die gegen ein stehendes Heer vorgebracht wurden – und das sind viele und gewichtige, und sie sollten sich durchsetzen –, können letztlich auch gegen eine ständige Regierung vorgebracht werden. Das stehende Heer ist nur der verlängerte Arm der ständigen Regierung. Und die Regierung, die nur die Form ist, welche das Volk zur Ausführung seines Willens gewählt hat, ist für Missbrauch und Verhetzung ebenso anfällig, noch ehe das Volk durch diese selbst gewählte Form seinen Willen ausüben kann. Denken Sie nur an den gegenwärtigen Krieg in Mexiko, das Werk vergleichsweise weniger Einzelpersonen, welche die ständige Regierung als Werkzeug benutzen; denn das Volk hätte dieser Maßnahme von vornherein nicht zugestimmt.

Was ist diese amerikanische Regierung denn anderes als ein – wenn auch noch junges – Erbe, das danach strebt, sich selbst mit uneingeschränkter Macht der Nachwelt zu überliefern, dabei aber jeden Augenblick einen Teil seiner Glaubwürdigkeit verspielt? Sie besitzt nicht einmal die Lebendigkeit und Tatkraft eines einzelnen Menschen, denn ein einzelner Mensch kann sie sich gefügig machen. Sie ist eine Art Spielzeuggewehr für die Menschen selbst. Aber sie ist deshalb nicht weniger notwendig, denn die Menschen brauchen irgendeine komplizierte Maschine, sie müssen ihren Lärm hören, um ihre Vorstellung von einer

Regierung zu befriedigen. Regierungen zeigen uns also, wie leicht die Menschen zu betrügen sind, ja, wie sie sich zu ihrem eigenen Vorteil sogar selbst betrügen. Das ist bemerkenswert, wie wir zugeben müssen. Und doch hat diese Regierung von sich aus noch nie irgendeine Unternehmung vorangebracht, höchstens durch den Eifer, mit der sie ihr aus dem Weg gegangen ist. *Sie* bewahrt nicht die Freiheit des Landes. *Sie* besiedelt nicht den Westen. *Sie* erzieht nicht. Der Charakter, der dem amerikanischen Volk zueigen ist, hat alles geschaffen, was geschaffen wurde, und er hätte noch weit mehr bewirkt, wenn die Regierung ihm nicht bisweilen im Weg gestanden hätte. Denn die Regierung ist ein Notbehelf, durch den die Menschen ihr Ziel erreichen wollen, sich gegenseitig in Ruhe zu lassen; und sie ist, wie gesagt, umso nützlicher, je mehr die Regierten von ihr in Ruhe gelassen werden. Wären Handel und Wirtschaft nicht aus Gummi, sie könnten die Hindernisse niemals überspringen, welche die Gesetzgeber ihnen fortwährend in den Weg legen; und wenn man diese Leute gänzlich nach den Auswirkungen ihres Handelns und nicht auch teilweise nach ihren Absichten beurteilen würde, dann verdienten sie es, zusammen mit jenen Schurken auf eine Stufe gestellt und bestraft zu werden, die Eisenbahnschienen blockieren.

Doch um sachlich und als Bürger zu sprechen und im Unterschied zu jenen, die sich Anarchisten nennen, verlange ich nicht ab sofort keine Regierung mehr, sondern *ab sofort* eine bessere Regierung. Jeder soll erklären, welche Art von Regierung ihm Respekt abverlangen würde, und das ist der erste Schritt auf dem Weg zu ihrer Verwirklichung.

Hält das Volk die Macht erst in Händen, dann liegt der eigentliche Grund, warum eine Mehrheit regieren darf und dies sogar für lange Zeit, weder darin, dass die Mehrheit das Recht am ehesten auf ihrer Seite hat, noch darin, dass dies der Minderheit am gerechtesten erscheint, sondern lediglich darin, dass die Mehrheit die überlegene Kraft ist. Doch eine Regierung, in der die Mehrheit sämtliche Entscheidungen trifft, kann nicht auf Gerechtigkeit gegründet sein, jedenfalls soweit die Menschen sie verstehen. Kann es denn keine Regierung geben, in der nicht die Mehrheit über richtig und falsch urteilt, sondern das Gewissen? In der die Mehrheit nur über solche Fragen entscheidet, für die das Gebot der Nützlichkeit gilt? Muss denn der Bürger tatsächlich, und sei es für einen kurzen Moment oder auch nur in geringstem Maße, sein Gewissen dem Gesetzgeber abtreten? Wozu hat dann jeder Mensch ein Gewissen? Ich denke, wir sollten in erster Linie Menschen sein und erst danach Untertanen. Es ist nicht erstrebenswert, vor dem Gesetz genauso viel Respekt zu hegen wie vor dem Recht. Die einzige Verpflichtung, die ich mir auferlegen lassen darf, ist die, jederzeit das zu tun, was mir richtig erscheint. Es wurde oft genug gesagt, dass eine Gesellschaft kein Gewissen habe; doch eine Gesellschaft aus gewissenhaften Menschen ist eine Gesellschaft mit einem Gewissen. Das Gesetz hat die Menschen um keinen Deut gerechter gemacht, und sogar die Wohlgesonnenen werden durch ihren Respekt vor dem Gesetz tagtäglich zu Handlangern der Ungerechtigkeit. Eine verbreitete und natürliche Folge übertriebenen Respekts vor dem Gesetz lässt sich am Beispiel einer Militärkolonne erkennen: Oberst, Hauptmann, Unteroffizier, einfache Soldaten, Pulverjungen und so weiter marschieren in bewundernswerter Ordnung über Berg und Tal in den Krieg, gegen ihren Willen, ja sogar gegen ihren gesunden Menschenverstand und ihr Gewissen, was das Marschieren äußerst beschwerlich macht und Herzklopfen verursacht. Sie zweifeln nicht daran, dass es ein verdammenswertes Geschäft ist, an dem sie beteiligt sind; sie neigen alle zur Friedfertigkeit. Was sind sie also? Sind sie überhaupt Menschen? Oder sind sie kleine bewegliche Festungen und Pulvertürme im Dienst irgendeines skrupellosen Menschen, der die Macht hat? Man besuche den Marinehafen und sehe sich einen Matrosen an. Einen solchen Menschen kann eine amerikanische Regierung erschaffen, das entsteht mit ihrer schwarzen Kunst aus einem Menschen: ein bloßer Schatten und eine schwache Erinnerung der Menschlichkeit, ein Mann, aufrecht und lebendig aufgebahrt und gleichsam unter Waffen begraben von einem Leichenzug begleitet – und doch könnte es auch so sein:

»Keine Trommel war zu hören, kein Trauermarsch,
Als wir seinen Leichnam zum Schutzwall zerrten;
Kein Soldat feuerte einen Abschiedssalut
Über dem Grab, in das wir unseren Helden legten.«[1]

Die Mehrzahl der Menschen dient dem Staat also mit ihren Körpern; nicht mehr als Menschen, sondern als Maschinen. Sie bilden das stehende Heer und die Miliz, die Gefängniswärter, die Polizisten, die Bürgerwehr etc. In den meisten Fällen sind sie weder in ihrer Urteilsbildung noch in ihrem Moralgefühl frei; sie stellen sich auf eine Stufe mit Holz und Erde und Steinen; man könnte auch Holzmänner anfertigen, die diesen Zweck genauso gut erfüllen. Solche Menschen verlangen einem nicht mehr Respekt ab als Strohpuppen oder ein Klumpen Lehm. Sie sind nicht mehr wert als Pferde und Hunde. Trotzdem hält man solche Menschen gewöhnlich für gute Bürger. Andere, so die meisten Gesetzgeber,

Politiker, Advokaten, Minister und Würdenträger, dienen dem Staat hauptsächlich mit ihrem Verstand, und da sie selten moralische Unterscheidungen treffen, könnten sie, ohne es *zu beabsichtigen*, ebenso gut dem Teufel dienen wie Gott. Nur sehr wenige, zum Beispiel Helden, Patrioten, Märtyrer, Reformer im besten Sinne *und Menschen*, dienen dem Staat auch mit ihrem Gewissen und leisten ihm deshalb die meiste Zeit zwangsläufig Widerstand; sie werden von ihm gemeinhin als Feinde behandelt. Ein Weiser ist nur als Mensch dienlich und wird sich nicht damit abfinden, »Lehm« zu sein, »ein Loch wohl vor dem rauen Norden zu stopfen«[2], sondern diese Aufgabe seinem Staub überlassen:

> »Ich bin zu hochgeboren, um jemandes Eigentum,
> der Zweite im Machtgefüge zu sein,
> Oder ein bequemer Diener und Werkzeug
> irgendeiner Herrschaft in der Welt.«[3]

Wer sich seinen Mitmenschen ganz widmet, erscheint ihnen nutzlos und selbstsüchtig; wer sich ihnen nur zum Teil widmet, wird zum Wohltäter und Menschenfreund erklärt.

Wie soll man sich heute der amerikanischen Regierung gegenüber verhalten? Ich antworte, dass man nicht ohne Schande mit ihr in Verbindung gebracht werden kann. Nicht für eine Sekunde kann ich eine politische Organisation als *meine* Regierung anerkennen, die zugleich auch die Regierung von *Sklaven* ist.

Alle Menschen akzeptieren das Recht auf Revolution; das heißt das Recht, der Regierung die Gefolgschaft zu verweigern und ihr Widerstand zu leisten, wenn ihre Tyrannei oder ihr Unvermögen zu groß und unerträglich ist. Aber fast alle sagen, dass dies jetzt nicht der Fall sei. Allerdings sind sie der Meinung, es sei während der Revolution von '75[4] der Fall gewesen. Wenn mir jemand sagte, die Regierung sei schlecht, weil sie bestimmte ausländische Waren besteuert hat, die in ihre Häfen gebracht worden sind, dann würde ich sehr wahrscheinlich kein Aufheben darum machen, weil ich gut ohne diese Waren auskommen kann. In allen Maschinen gibt es Reibung;

und diese hier leistet womöglich so viel Gutes, dass sie das Böse aufwiegt. Auf jeden Fall ist es ein großer Fehler, deshalb einen Aufruhr zu machen. Wenn aber die Reibung einer Maschine überhandnimmt und Unterdrückung und Raub organisiert werden, dann fordere ich, dass wir eine solche Maschine nicht länger dulden. Mit anderen Worten: Wenn ein Sechstel der Bevölkerung einer Nation, die sich verpflichtet hat, ein Zufluchtsort der Freiheit zu sein, Sklaven sind und ein ganzes Land widerrechtlich überrannt, von einer fremden Armee erobert und dem Kriegsrecht unterworfen wird, dann, meine ich, ist es für ehrliche Leute keineswegs zu früh, sich aufzulehnen und zu revoltieren. Diese Pflicht wird umso dringlicher durch die Tatsache, dass das Land nicht uns gehört, das derart überrannt wird, sondern dass es unsere Armee ist, die dort einmarschiert.

Paley, eine allgemein anerkannte Autorität in moralischen Fragen, begründet in seinem Kapitel über die »Pflicht zur Unterwerfung unter die Staatsgewalt«[5] alle Bürgerpflicht mit ihrer

Zweckdienlichkeit und fährt dann fort: »Solange es das Interesse des Gemeinwesens erfordert, das heißt, solange der Widerstand gegen die bestehende Regierung oder eine Änderung derselben nicht ohne Schaden für die Bevölkerung möglich ist, solange ist es Gottes Wille, dass man der bestehenden Regierung gehorchen soll – aber nicht länger. ... Folgt man diesem Grundsatz, kann man bei der Beurteilung der Rechtmäßigkeit jedes einzelnen Falles von Widerstand eine einfache Berechnung anstellen: Auf der einen Seite steht das Ausmaß der Gefahren und Leiden, auf der anderen Seite die Wahrscheinlichkeit und die Kosten für die Beseitigung des Widerstandes.« Darüber, so sagt er, solle jeder selbst urteilen. Doch anscheinend hat Paley nie über jene Fälle nachgedacht, für die das Gesetz der Zweckmäßigkeit nicht gilt, in denen ein Volk genauso wie jeder Einzelne Gerechtigkeit üben muss, koste es, was es wolle. Wenn ich einem Ertrinkenden skrupellos seine Planke entrissen habe, dann muss ich sie ihm zurückgeben, auch wenn ich dabei selbst ertrinke. Dies wäre Paley zufolge von Nachteil. Wer aber sein Leben erhalten will, der wird es, in einem solchen Fall, verlieren.[6] Dieses Volk muss aufhören, Sklaven zu halten und in Mexiko Krieg zu führen, und würde es seine Existenz als Volk kosten.

In ihrem Handeln stimmen die Nationen mit Paley überein; aber glaubt irgendjemand, dass Massachusetts in der gegenwärtigen Krise genau das Richtige tut?

> »Ein liederliches Land, eine Schlampe im silbernen
> Gewand,
> Lässt sich die Schleppe tragen und schleift ihre Seele
> im Dreck hinter sich her.«[7]

In Wirklichkeit sind die Gegner einer Reform in Massachusetts nicht die hunderttausend Politiker im Süden, sondern die hunderttausend Kaufleute und Bauern hier, die sich mehr für Handel und Landwirtschaft interessieren als für die Menschlichkeit und die nicht bereit sind, den Sklaven und Mexiko Gerechtigkeit widerfahren zu lassen, *koste es, was es wolle*. Ich kämpfe nicht gegen Feinde in der Ferne, sondern gegen jene, die hier vor Ort mit ihnen kooperieren und nach ihrer Pfeife tanzen und ohne die sie machtlos wären. Für gewöhnlich sagen wir, die Masse der Menschen sei unreif; dabei geht es nur deshalb so langsam voran, weil die Wenigen nicht wesentlich klüger oder besser sind als die Vielen. Es ist nicht so wichtig, dass es viele gibt, die so gut sind wie ihr; wichtiger ist, dass es irgendwo vollkommene Güte gibt, denn das wird den ganzen Teig durchsäuern.[8] Es gibt Tausende, die *im Grundsatz* gegen Sklaverei und Krieg sind, die aber faktisch nichts unternehmen, um beidem ein Ende zu machen; die sich als Kinder Washingtons und Franklins betrachten und einfach dasitzen, die Hände in den Taschen, und sagen, sie wüssten nicht, was zu tun sei, und nichts tun; die die Frage der Freiheit hinter die Frage des Freihandels stellen und nach dem Essen in aller Ruhe die Tageskurse neben den neuesten Nachrichten aus Mexiko lesen und vielleicht über beidem einschlafen. Wie hoch steht der Tageskurs für einen Ehrenmann und Patrioten heute? Sie zögern, sie bedauern, und manchmal unterschreiben sie eine Petition, aber sie unternehmen nichts Ernsthaftes und Wirkungsvolles. Wohlmeinend warten sie darauf, dass andere den Missstand beheben, damit sie ihn nicht länger bedauern müssen. Im besten Fall geben sie der Gerechtigkeit ihre wertlosen Stimmzettel, schwachen Beifall und gute Wünsche mit auf den Weg, während sie an ihnen vorübergeht. Es kommen neunhundertneunundneunzig Tugendwächter auf einen tugendhaften Mann. Aber es ist einfacher, mit dem wahren Besitzer von etwas zu verhandeln als mit seinem zeitweiligen Hüter.

Alle Wahlen sind eine Art Spiel, wie Schach oder Backgammon, mit leicht moralischem Anstrich, ein Spiel um Recht und Unrecht, um moralische Fragen; und natürlich wird dabei auch gewettet. Nur auf das Ansehen der Wähler wird nicht gesetzt. Ich gebe meine Stimme ab, gerade so, wie ich es für richtig halte; aber ich mache mir keine großen Sorgen darum, ob sich dieses Richtige auch durchsetzt. Das überlasse ich bereitwillig der Mehrheit. Ihre Verpflichtung geht deshalb über das Zweckdienliche niemals hinaus. Auch *für das Richtige* zu stimmen heißt, nichts dafür zu *tun*. Es bedeutet nur, den Menschen gegenüber den leisen Wunsch zu äußern, es möge sich durchsetzen. Ein kluger Mensch wird die Gerechtigkeit nicht der Gnade des Zufalls überlassen, er wird auch nicht wünschen, dass sie sich durch die Macht der Mehrheit durchsetzt. Es liegt nur wenig Tugend in den Handlungen von Menschenmassen. Wenn die Mehrheit am Ende für die Abschaffung der Sklaverei stimmt, dann deshalb, weil die Sklaverei ihr gleichgültig ist oder weil es dann kaum noch Sklaverei gibt, die durch ihre Stimme abgeschafft werden könnte. Dann werden *sie* die einzigen Sklaven sein. Nur die Stimme *dessen* kann die Abschaffung der Sklaverei vorantreiben, der mit seiner Stimme auf seine eigene Freiheit besteht.

Ich hörte, dass in Baltimore, oder irgendwo anders, eine Versammlung zur Wahl des Präsidentschaftskandidaten abgehalten werden soll, die in erster Linie aus Journalisten und Berufspolitikern besteht; doch ich frage mich: Was bedeutet ihre Entscheidung für einen unabhängigen, intelligenten und ehrbaren Menschen? Sollen wir denn nicht in den Genuss der Vorzüge seiner Weisheit und Ehrlichkeit kommen? Können wir denn nicht auf ein paar unabhängige Wählerstimmen zählen? Leben in diesem Land etwa nicht zahllose Menschen, die keinen Versammlungen beiwohnen? Aber nein: Ich sehe, dass der sogenannte Ehrenmann augenblicklich seine bisherige Haltung aufgibt und an seinem Land verzweifelt, während eigentlich sein Land mehr Grund hat, an ihm zu verzweifeln. Unverzüglich entscheidet er sich für einen der ausgewählten Kandidaten als den einzig *Verfügbaren* und beweist damit, dass er selbst für alle Zwecke der Demagogen *verfügbar* ist. Seine Stimme ist nicht mehr wert als die irgendeines Fremden, der mit unseren Grundsätzen nicht vertraut ist, oder die eines einheimischen Tagelöhners, den man womöglich gekauft hat. Hut ab dagegen vor einem Mann, der wirklich ein *Mann* ist und, wie mein Nachbar sagt, ein Rückgrat hat, durch das man seine Hand nicht stecken kann! Unsere Statistiken sind falsch: Die veröffentlichte Bevölkerungszahl ist zu hoch. Wie viele *Männer* gibt es in diesem Land auf einer Fläche von tausend Quadratmeilen? Kaum einen einzigen. Bietet Amerika keinen Anreiz für Männer, sich hier niederzulassen? Der Amerikaner ist zu einem Odd Fellow[9] verkommen, den man an seinem ausgeprägten Herdentrieb, seinem offensichtlichen Mangel an Verstand und seiner frohgemuten Selbstgenügsamkeit erkennen wird; dessen erste und wichtigste Sorge, wenn er diese Welt betritt, die ist, ob die Armenhäuser in gutem Zustand sind; und der, noch bevor er alt genug ist, um Männerkleidung zu tragen, Geld sammelt, um zukünftige Witwen und Waisen zu unterstützen; kurz, einer, der nur mit Hilfe jener Versicherungsgesellschaft zu leben wagt, die ihm ein anständiges Begräbnis versprochen hat.

Selbstverständlich steht der Mensch nicht in der Pflicht, sich der Beseitigung irgendwelchen Unrechts zu widmen, und sei es noch so groß; er darf sich ruhig um andere Dinge kümmern; aber es ist doch mindestens seine Pflicht, nicht dafür verantwortlich zu sein und, wenn er schon nicht weiter darüber nachdenken will, es doch wenigstens nicht praktisch zu unterstützen. Wenn ich mich mit anderen Geschäften und Betrachtungen befasse, dann muss ich zumindest darauf achtgeben, dass ich nicht auf den Schultern eines anderen sitze, während ich ihnen nachgehe. Ich muss zuerst von ihm heruntersteigen, damit auch er seinen Betrachtungen nachgehen kann. Man beachte, welche ungeheure Widersprüchlichkeit geduldet wird. Ich habe mehrere meiner Mitbürger sagen hören: »Ich wünschte, sie würden mir den Befehl geben, bei der Niederschlagung eines Sklavenaufstands zu Diensten zu sein oder nach Mexiko zu marschieren – dann würde man ja sehen, ob ich es täte.« Dabei hat jeder Einzelne von ihnen selbst für einen Ersatzmann gesorgt, unmittelbar durch seine staatsbürgerliche Loyalität oder mittelbar durch sein Geld. Dem Soldaten, der den Dienst in einem ungerechten Krieg verweigert, spenden dieselben Leute Beifall, die sich nicht weigern, die ungerechte Regierung zu stützen, die diesen Krieg führt; sie spenden demjenigen Beifall, der ihren eigenen Auftrag und ihre Autorität missachtet und in den Wind schlägt; als wäre der Staat reuevoll genug, jemanden anzuheuern, der ihn geißelt, während er sündigt, nicht aber reuevoll genug, um vom Sündigen auch nur einen Moment zu lassen. So bringt man uns im Namen der Ordnung und der bürgerlichen Regierung dazu, unserer eigenen Niederträchtigkeit zu huldigen und sie zu stützen. Auf das erste Erröten vor der Sünde folgt die Gleichgültigkeit; zuerst war sie nur unmoralisch, dann amoralisch, könnte man sagen, und nie ganz entbehrlich in dem Leben, das wir führen.

Um den weitreichendsten und weitverbreitetsten Irrtum aufrechtzuerhalten, bedarf es der gleichgültigsten Tugend. Jener leichte Makel, welcher der Tugend des Patriotismus gemeinhin anhaftet, zeigt sich am ehesten bei den Edlen. Diejenigen, die zwar die Form und die Maßnahmen einer Regierung missbilligen, ihr aber Loyalität und Unterstützung gewähren, sind unzweifelhaft ihre gewissenhaftesten Unterstützer und somit vielfach die stärksten Hindernisse für

Reformen. Einige verlangen in Petitionen vom Staat, die Union aufzulösen und die Anordnungen des Präsidenten zu missachten. Warum lösen sie sie nicht selbst auf – nämlich die Union zwischen sich und dem Staat – und weigern sich, ihren Anteil in die Staatskasse zu zahlen? Stehen sie nicht im selben Verhältnis zum Staat wie der Staat zur Union? Und haben nicht dieselben Gründe den Staat daran gehindert, sich der Union zu widersetzen, welche sie selbst daran gehindert haben, sich dem Staat zu widersetzen?

Wie kann jemand damit zufrieden sein, eine Meinung lediglich zu haben und sich an ihr zu erfreuen! Welche Freude liegt darin, wenn er der Meinung ist, dass er betrübt sei? Wenn dein Nachbar dich auch nur um einen einzigen Dollar betrügt, dann lehnst du dich nicht zufrieden zurück in dem Wissen, dass du betrogen worden bist, oder indem du sagst, dass du betrogen worden bist, oder indem du ihn schriftlich bittest, dir dein Geld zurückzuzahlen; sondern du unternimmst sofort wirksame Schritte, um die volle Summe zurückzubekommen und sicherzustellen, dass du nie wieder betrogen wirst. Handeln aus Überzeugung, die Wahrnehmung und Ausübung des Rechts verändern die Dinge und die Verhältnisse; das ist das Wesen des Revolutionären, und es ist in keinem Punkt mit dem bisherigen Zustand vereinbar. Es spaltet nicht nur Staaten und Kirchen, es spaltet Familien, ja, es spaltet sogar den Menschen selbst, indem es das Teuflische in ihm vom Göttlichen trennt.

Es gibt ungerechte Gesetze: Sollen wir uns darauf beschränken, sie zu befolgen, oder sollen wir uns darum bemühen, sie zu verbessern, und sie so lange befolgen, bis wir eben das erreicht haben, oder sollen wir sie sofort übertreten? Unter einer Regierung wie dieser glauben die Menschen im Allgemeinen, dass sie warten sollten, bis sie die Mehrheit davon überzeugt haben, die Gesetze zu ändern. Sie glauben, wenn sie sich widersetzen, ist die Arznei schlimmer als die Krankheit. Doch schuld daran, dass die Arznei tatsächlich schlimmer ist als die Krankheit, ist die Regierung selbst. *Sie* macht sie schlimmer. Warum ist sie nicht stärker gewillt, nötige Reformen vorauszusehen und zu beschließen? Warum hält sie ihre verständige Minderheit nicht in Ehren? Warum schreit sie und wehrt sich, noch bevor sie Schaden leidet? Warum ermutigt sie ihre Bürger nicht, sie wachsam auf Fehler hinzuweisen und damit selbst besser zu handeln, als sie es bislang von ihnen verlangt hat? Warum kreuzigt sie immer wieder Christus, exkommuniziert Kopernikus und Luther und erklärt Washington und Franklin zu Rebellen?

Man könnte meinen, dass eine bewusste und direkte Nichtanerkennung ihrer Autorität der einzige Angriff ist, den die Regierung nicht erwartet; warum sonst hat sie dafür keine eindeutige, passende und angemessene Strafe festgelegt? Wenn ein Mann, der keinen Besitz hat, sich auch nur einmal weigert, für den Staat neun Schillinge zu verdienen, wird er für eine Zeit ins Gefängnis gesteckt, die kein mir bekanntes Gesetz begrenzt und nur vom Ermessen derer abhängig ist, die ihn dort eingesperrt haben; stiehlt er dem Staat hingegen neunzig mal neun Schillinge[10], ist er bald wieder auf freiem Fuß.

Wenn Ungerechtigkeit ein notwendiger Teil der Reibung der Regierungsmaschinerie ist, dann lasst es dabei bewenden: Möglicherweise läuft es irgendwann flüssiger – und gewiss wird die Maschine dabei verschleißen. Wenn die Ungerechtigkeit einen Antrieb hat – ein Riemenrad, ein Zugseil, eine Kurbel –, den nur sie in Gang setzt, dann kann man vielleicht darüber nachdenken, ob die Arznei nicht schlimmer ist als die Krankheit; wenn das Gesetz aber so beschaffen ist, dass es dich dazu braucht, um einem anderen Unrecht zu tun, dann, sage ich, brich das Gesetz. Mach dein Leben zum Sand im Getriebe, um die Maschine zu stoppen. Denn was immer geschieht, ich muss alles daransetzen, mich nicht zu jenem Unrecht herzugeben, das ich verdamme.

Was die Einführung der Maßnahmen angeht, die der Staat vorsieht, um das Übel zu heilen: Ich weiß von solchen Maßnahmen nichts. Sie brauchen ohnehin zu viel Zeit, mehr als ein Menschenleben lang ist. Ich muss mich um andere Dinge kümmern. Ich habe diese Welt nicht betreten, um sie in erster Linie zu einem guten Ort zum Leben zu machen, sondern um darin zu leben, sei sie gut oder schlecht. Ein Mensch muss nicht alles tun, aber etwas; doch nur weil er nicht *alles* tun kann, soll er nicht *irgendetwas* Unrechtes tun. Es ist nicht meine Aufgabe, mehr Bittschriften an den Gouverneur oder den Gesetzgeber zu richten als sie an mich; und wenn sie kein Ohr für meine Bitten haben, was soll ich noch tun? Aber für einen solchen Fall hält der Staat keine Lösung bereit: Die Verfassung selbst ist das Übel. Das klingt vielleicht scharf und stur und unversöhnlich; doch es bedeutet, mit äußerster Gewogenheit und Achtung der einzigen Haltung zu begegnen, die es zu würdigen weiß und die es verdient, so behandelt zu werden. So verhält es sich mit jeder Veränderung zum Besseren, sie geschieht unter körperlichen Krämpfen, wie Geburt und Tod.

Ich sage ohne zu zögern, dass die, die sich Abolitionisten nennen, der Regierung von Massachusetts ihre Unterstützung durch ihre Person und ihren Besitz mit sofortiger Wirkung entziehen sollen und dass sie nicht warten sollen, bis sie eine Mehrheit von einer Stimme haben, um dem Recht zum Sieg zu verhelfen. Ich denke, es genügt, wenn sie Gott auf ihrer Seite haben, dann brauchen sie auf das andere nicht zu warten. Im Übrigen bildet jeder, der gerechter ist als seine Nachbarn, bereits eine Mehrheit von einer Stimme.

Ich begegne dieser amerikanischen Regierung bzw. ihrer Vertretung, der Regierung des Bundesstaats, unmittelbar und von Angesicht zu Angesicht lediglich einmal im Jahr, und zwar in der Person des Steuereintreibers; das ist die einzige Art und Weise, in der ein Mann in meiner Position ihr zwangsläufig begegnet; und sie fordert dann unmissverständlich: Erkenne mich an! Die einfachste, wirkungsvollste und – nach augenblicklicher Lage der Dinge – unumgänglichste Form des verantwortlichen Umgangs mit ihr, die zudem den geringen Grad meiner Zufriedenheit und Zuneigung ausdrückt, ist die, sich ihr dann zu verweigern. Mein Mitbürger, der Steuereintreiber, ist derjenige, mit dem ich verhandeln muss – schließlich streite ich mich mit Menschen und nicht mit Pergament –, und er hat sich aus freien Stücken entschieden, ein Unterhändler der Regierung zu sein. Wie soll er je erfahren, was er als Beamter der Regierung oder auch als Mensch ist und tut, solange er nicht darüber nachdenken muss, ob er mich, seinen geschätzten Nachbarn, als Nachbarn und anständigen Menschen behandeln soll oder als einen Verrückten und Unruhestifter, und erleben muss, ob er diese Störung unseres gutnachbarschaftlichen Verhältnisses überwinden kann, ohne dass unfreundliche und impulsive Gedanken oder Sätze seine Amtserfüllung begleiten. Ich weiß genau, wenn nur tausend Menschen, nur hundert, nur zehn, die ich nennen könnte, zehn *ehrenwerte* Menschen, ja, selbst wenn nur *ein einziger* EHRENWERTER Mann aus diesem Staat Massachusetts, *der aufhört Sklaven zu halten*, sich tatsächlich aus dieser Interessengemeinschaft zurückziehen würde und dafür ins Gefängnis ginge, dann wäre das die Abschaffung der Sklaverei in Amerika. Denn es spielt keine Rolle, wie klein die Anfänge scheinen: Was einmal richtig gemacht wurde, ist für immer getan. Aber wir reden lieber darüber: Das, so sagen wir, sei unser Auftrag. Im Dienst der Reform stehen Dutzende von Zeitungen, aber kein einziger Mensch. Wenn mein geschätzter Nachbar, der Abgesandte des Staates[11], der den Rest seines Lebens mit der Erörterung der Menschenrechte im Versammlungssaal zubringen will, nicht bloß die Gefängnisse von Carolina fürchten müsste, sondern einmal als Gefangener in Massachusetts einsäße – jenem Staat, der so sehr bestrebt ist, die Sünde der Sklaverei auf seinen Schwesterstaat abzuwälzen, obwohl man als Streitgrund im Augenblick nur einen Mangel an Gastfreundschaft erkennen kann –, dann würde die Angelegenheit im Parlament im kommenden Winter gewiss nicht wieder vertagt werden.

Unter einer Regierung, die jeden Beliebigen unrechtmäßig einsperrt, ist das Gefängnis auch für einen rechtschaffenen Menschen der einzig wahre Platz. Der angemessene Platz, der einzige Platz, den Massachusetts heute für seine freieren und weniger kleinmütigen Geister vorgesehen hat, ist das Gefängnis, wo sie durch staatlichen Beschluss vom Staat ausgestoßen und ausgeschlossen werden, nachdem sie sich durch ihre Grundsätze längst selbst ausgeschlossen haben. Nur dort sollen der entflohene Sklave, der auf Bewährung freigelassene mexikanische Gefangene und der Indianer, der gegen das an seiner Rasse begangene Unrecht klagt, sie finden, auf diesem isolierten, aber freieren und ehrenhafteren Boden, wohin der Staat jene bringt, die nicht *für* ihn, sondern *gegen* ihn sind – das einzige Haus in einem Sklavenstaat, in dem ein freier Mensch in Ehren wohnen kann. Wenn manche glauben, sie würden dort ihren Einfluss verlieren und ihre Stimmen würden nicht mehr an das Ohr des Staates dringen und sie wären innerhalb dieser Mauern keine ernstzunehmenden Gegner mehr, dann wissen sie nicht, um wie viel die Wahrheit stärker ist als der Irrtum und wie viel eloquenter und wirkungsvoller derjenige die Ungerechtigkeit bekämpfen kann, der etwas davon am eigenen Leib erfahren hat. Geh mit deiner ganzen

Stimme wählen, nicht nur mit einem Stück Papier, sondern mit allem Einfluss, den du hast. Eine Minderheit ist machtlos, solange sie sich der Mehrheit anpasst; sie ist dann nicht einmal eine Minderheit; doch keiner widersteht ihr, wenn sie ihr gesamtes Gewicht zum Einsatz bringt. Vor die Wahl gestellt, ob er alle rechtschaffenen Menschen im Gefängnis behalten oder Krieg und Sklaverei aufgeben soll, wird der Staat mit seiner Entscheidung nicht zögern. Wenn tausend Menschen dieses Jahr keine Steuern zahlen, dann ist das kein gewalttätiger und blutiger Akt, so wie es einer wäre, wenn sie Steuern zahlen und damit dem Staat ermöglichen, seinerseits Gewalt anzuwenden und unschuldiges Blut zu vergießen. Dies ist eigentlich die Definition einer friedlichen Revolution, wenn so etwas überhaupt möglich ist. Wenn, wie es geschehen ist, der Steuereintreiber oder irgendein anderer Beamter mich fragt: »Aber was sollen wir denn tun?«, so lautet meine Antwort: »Wenn du wirklich etwas tun willst, dann lege dein Amt nieder.« Sobald der treue Staatsbürger die Gefolgschaft verweigert und der Beamte sein Amt niedergelegt hat, ist die Revolution am Ziel. Doch selbst angenommen, es würde Blut fließen. Findet nicht auch dann eine Art Blutvergießen statt, wenn das Gewissen verwundet wird? Aus dieser Wunde fließt das wahre Menschsein und die Unsterblichkeit eines Menschen, und er verblutet zu immerwährendem Tod. Dieses Blut sehe ich heute fließen.

Ich bin zu dem Schluss gekommen, dass man den Gesetzesbrecher lieber einsperren sollte, anstatt seinen Besitz zu beschlagnahmen – auch wenn beides denselben Zweck erfüllt –, weil diejenigen, die am wahrhaftigsten auf dem Recht bestehen und daher für einen korrupten Staat am gefährlichsten sind, meistens nicht viel Zeit damit verbracht haben, Besitztümer anzuhäufen. Für solche Menschen ist der Staat von eher geringem Nutzen, selbst eine niedrige Steuer wird da überzogen erscheinen, besonders, wenn sie gezwungen sind, sie durch schwere körperliche Arbeit einzubringen. Wenn es jemanden gäbe, der gänzlich ohne Geld auskommt, dann würde selbst der Staat zögern, Steuern von ihm zu verlangen. Der Reiche hingegen – ohne dass ich missgünstig sein will – hat sich immer an die Institution verkauft, die ihn reich macht. Um es überspitzt zu sagen: je mehr Geld, desto weniger Anstand; denn das Geld tritt zwischen den Menschen und seine Besitztümer und erwirbt sie für ihn, und es zu beschaffen, war gewiss kein Fall von besonderer Tugendhaftigkeit. Es unterdrückt viele Fragen, auf die man sonst eine Antwort finden müsste; und die einzige neue Frage, die es aufwirft, ist ebenso schwierig wie überflüssig, nämlich wie man es ausgeben soll. So wird dem Reichen der moralische Boden unter den Füßen entzogen. Die Möglichkeiten zu leben verringern sich in dem Maße, wie die sogenannten »Mittel« sich vermehren. Das Beste, was ein reicher Mensch für seine Lebensart tun kann, ist, jene Pläne in die Tat umzusetzen, die er verfolgte, als er noch arm war. Christus begegnete den Anhängern des Herodes entsprechend ihrer Verhältnisse. »Zeigt mir die Steuermünze«, sagte er – und einer zog einen Groschen aus seiner Tasche; wenn ihr Geld benutzt, welches das Bild des Kaisers trägt und das er in Umlauf gebracht und mit Wert versehen hat, *wenn ihr also Bürger dieses Staates seid* und gerne die Vorteile der kaiserlichen Regierung genießt, dann zahlt ihm von seinem Eigentum zurück, wenn er es verlangt; »So gebt dem Kaiser, was des Kaisers, und gebt Gott, was Gottes ist«[12] – womit sie nicht klüger waren als zuvor und noch immer nicht wussten, wem was zustand; denn sie wollten es nicht wissen.

Wenn ich mich mit den unabhängigsten meiner Nachbarn unterhalte, dann stelle ich fest, dass es im Grunde, was immer sie über die Größe und Bedeutung des Problems und über ihre Sorge für die öffentliche Ruhe sagen, nur darum geht, dass sie auf den Schutz der bestehenden Regierung nicht verzichten können und die Folgen fürchten, die ihr Ungehorsam für ihren Besitz und ihre Familien bedeuten könnte. Ich für meinen Teil glaube nicht, dass ich mich jemals auf den Schutz des Staates verlassen werde. Andererseits wird sie, wenn ich mich der Staatsgewalt verweigere, sobald sie mir den Steuerbescheid präsentiert, mir sogleich meinen ganzen Besitz nehmen und ihn verprassen und mich und meine Kinder endlos quälen. Das ist hart. Das macht es einem Menschen unmöglich, ehrlich und gleichzeitig gut zu leben, zumindest was die äußeren Umstände betrifft. Besitz anzuhäufen ist der Mühe nicht wert, denn er wäre sicher bald wieder verloren. Man muss sich irgendwo verdingen oder etwas pachten und dann nur eine kleine Ernte heranziehen und die bald verzehren. Man muss für sich leben und sich auf sich selbst verlassen, immer gestiefelt und gespornt, bereit zum Aufbruch und in wenige Geschäfte verwickelt. Es kann jemand auch in der Türkei reich werden, wenn er in jeder Hinsicht ein guter Untertan der türkischen Regierung ist. Konfuzius sagte: »Wenn ein Staat nach den Prinzipien der Vernunft regiert wird, sind Armut und Elend beschämend; wenn ein Staat nicht nach den Prinzipien der Vernunft regiert wird, sind Reichtum und Ruhm beschämend.«[13] Nein: Solange ich nicht in irgendeinem fernen südlichen Hafen, wo meine Freiheit in Gefahr ist, von Massachusetts beschützt werden will oder ich nicht ausschließlich darauf aus bin, mir hier durch friedliche Unternehmungen ein Vermögen aufzubauen, kann ich es mir leisten, Massachusetts meine Gefolgschaft und das Recht auf mein Eigentum und Leben zu verweigern. Es kostet mich in jeder Hinsicht weniger, mir eine Strafe für Ungehorsam gegen den Staat zuzuziehen, als wenn ich gehorchen würde. In diesem Fall käme ich mir weniger wertvoll vor.

Vor einigen Jahren trat der Staat im Auftrag der Kirche an mich heran und befahl mir, eine bestimmte Summe für die Unterstützung eines Pfarrers zu bezahlen, dessen Gottesdienste mein Vater besucht hatte, ich aber nie. »Zahle«, sagte man mir, »oder du wirst ins Gefängnis gesperrt.« Ich weigerte mich zu zahlen. Unglücklicherweise hielt es jemand für angebracht, für mich zu bezahlen. Ich sah nicht ein, warum der Lehrer Steuern zahlen sollte, um den Pfarrer zu unterstützen, nicht aber der Pfarrer zur Unterstützung des Lehrers; denn ich war zwar kein staatlicher

Lehrer, aber verdiente meinen Unterhalt durch gelegentliche Vorträge. Ich sah nicht ein, warum die Schule nicht ebenso wie die Kirche ihre Steuerrechnung präsentieren und ihren Forderungen mit staatlicher Unterstützung Nachdruck verleihen sollte. Auf Bitten der Stadträte ließ ich mich jedoch darauf ein, eine schriftliche Erklärung abzugeben, die etwa so lautete: »Hiermit gebe ich, Henry Thoreau, den Anwesenden und allen Menschen bekannt, dass ich nicht als Mitglied irgendeiner Vereinigung angesehen werden will, in die ich nicht eingetreten bin.« Ich übergab diese Erklärung dem Schriftführer, und der hat sie jetzt. Seitdem der Staat auf diese Weise erfahren hat, dass ich nicht als Mitglied dieser Kirche betrachtet werden möchte, hat er keine derartige Forderung mehr an mich gestellt, obgleich er seinerzeit sagte, dass er an seiner ursprünglichen Annahme festhalten müsse. Wenn ich ihre Namen gekannt hätte, dann wäre ich aus jeder einzelnen Vereinigung ausgetreten, in die ich nie eingetreten bin, aber ich wusste nicht, wo eine vollständige Liste zu finden war.

Ich habe seit sechs Jahren keine Kopfsteuer bezahlt. Einmal wurde ich deshalb für eine Nacht ins Gefängnis gesteckt; und wie ich da stand und die massiven Steinmauern betrachtete, zwei oder drei Fuß dick, die Tür aus Holz und Eisen, ein Fuß dick, und das eiserne Fenstergitter, durch welches in Streifen das Licht fiel, da ging mir die ganze Torheit dieser Institution auf, die mich behandelte, als bestünde ich nur aus Fleisch, Blut und Knochen, die man wegschließen kann. Ich staunte, dass der Staat nun offenbar endlich zu der Überzeugung gelangt war, dass dies der beste Zweck sei, zu dem er mich verwenden konnte, und nie daran gedacht hatte, sich meine Dienste irgendwie zunutze zu machen. Ich erkannte, dass es abgesehen von der Mauer aus Stein zwischen mir und meinen Mitbürgern eine weitere Mauer gab, die noch viel schwieriger zu übersteigen oder zu durchbrechen war, damit sie so frei wären wie ich. Nicht einen Augenblick lang fühlte ich mich eingesperrt, und die Mauern kamen mir vor wie eine riesige Verschwendung von Stein und Mörtel. Mir schien, als hätte ich als Einziger von meinen Mitbürgern die Steuer bezahlt. Sie wussten ganz offensichtlich nicht, wie sie mit mir umgehen sollten, aber sie benahmen sich wie ungehobelte Leute. Jeder ihrer Drohungen und jeder ihrer Höflichkeiten lag ein Missverständnis zugrunde, denn sie glaubten, mein größter Wunsch sei es, auf der anderen Seite der Steinmauer zu stehen. Ich musste lächeln, als ich sah, wie eifrig sie die Tür vor meinen Betrachtungen verschlossen, welche ihnen ungehindert hinausfolgten; dabei waren *sie* doch die eigentliche Gefahr. Da sie mich nicht fassen konnten, beschlossen sie, meinen Körper zu bestrafen; wie kleine Jungen, die, wenn sie einen Groll gegen jemanden hegen, ihm aber nichts anhaben können, dessen Hund misshandeln. Ich erkannte, dass der Staat einfältig ist, ängstlich wie eine Jungfer mit ihren silbernen Löffeln, und dass er seine Freunde nicht von seinen Feinden unterscheiden kann, und ich verlor noch die letzte Achtung vor ihm und bedauerte ihn.

Der Staat kann sich deshalb niemals direkt mit dem intellektuellen oder moralischen Bewusstsein eines Menschen auseinandersetzen, sondern nur mit seinem Körper, seinen Sinnen. Der Staat ist nicht mit überlegenem Verstand oder Aufrichtigkeit ausgerüstet, sondern nur dank seiner physischen Stärke überlegen. Ich wurde nicht geboren, um mir etwas aufzwingen zu lassen. Ich werde nach meiner Art und Weise atmen. Wir werden ja sehen, wer der Stärkere ist. Was für eine Macht hat eine Masse? Nur jene können mich zu etwas zwingen, die einem höheren Gesetz folgen als ich. Sie zwingen mich, so zu werden wie sie. Ich habe noch nie gehört, dass *Menschen* von einer Menschenmasse *gezwungen* worden wären, auf diese oder jene Art zu leben. Was wäre das für ein Leben? Wenn ich einer Regierung begegne, die zu mir sagt: »Geld oder Leben«, warum sollte ich mich beeilen, ihr mein Geld zu geben? Vielleicht befindet sie sich in einer schwierigen Lage und weiß nicht, was sie tun soll: Ich kann da nicht helfen. Sie muss sich selbst helfen, so wie ich es tue. Es lohnt sich nicht, deswegen zu jammern. Ich bin nicht dafür verantwortlich, dass die Maschinerie der Gesellschaft reibungslos funktioniert. Ich bin nicht der Sohn des Maschinenbauers. Ich sehe, wenn eine Eichel und eine Kastanie zu Boden fallen und nebeneinander liegen bleiben, dann verharrt nicht die eine in Untätigkeit, um der anderen Platz zu machen, sondern beide gehorchen ihren je eigenen Gesetzen und keimen und wachsen und blühen so gut sie können, bis vielleicht die eine die andere überschattet und zerstört. Wenn eine Pflanze nicht ihrer Natur gemäß leben kann, stirbt sie; und ebenso geht es dem Menschen.

⋆

Die Nacht im Gefängnis war etwas Neues für mich und recht interessant. Als ich ankam, standen die Gefangenen lässig in der Tür, genossen die Abendluft und hielten ein Schwätzchen. Doch der Gefängniswärter rief: »Vorwärts, Jungs, Zeit zum Einschließen«, also zerstreuten sie sich und ich hörte das Geräusch ihrer Schritte, wie sie in ihre kahlen Zellen zurückkehrten. Mein Zellengenosse wurde mir vom Gefängniswärter als »feiner Kerl und kluger Kopf« vorgestellt. Als die Tür abgeschlossen war, zeigte er mir, wo ich meinen Hut aufhängen konnte und wie er sich eingerichtet hatte. Die Räume wurden einmal im Monat gekalkt, und dies war mit Sicherheit das weißeste, am einfachsten eingerichtete und vielleicht sauberste Zimmer der Stadt. Natürlich wollte er wissen, wo ich herkam und was mich hergeführt hatte; und als ich es ihm erzählt hatte, fragte ich ihn meinerseits, wie er hergekommen wäre, ganz in der Annahme, dass er ein ehrlicher Mensch sei; und wie es nun mal so geht, ich glaube wirklich, dass er einer war. »Nun ja«, sagte er, »sie beschuldigen mich, eine Scheune angezündet zu haben; aber das habe ich nie getan.« Soviel ich herausbekommen konnte, hatte er sich vermutlich betrunken in einer Scheune schlafen gelegt und dort seine Pfeife geraucht, und so ist die Scheune niedergebrannt. Er hatte den Ruf, ein kluger Bursche zu sein, er wartete schon drei Monate auf seine Verhandlung und würde noch einmal so lange darauf warten müssen; aber er war ganz zahm und zufrieden, da er umsonst zu essen bekam und sich gut behandelt fühlte.

Er nahm das eine Fenster in Beschlag und ich das andere; und mir wurde klar, dass man sich bei längerem Aufenthalt hauptsächlich damit beschäftigen würde, aus dem Fenster zu schauen. Ich hatte bald alle Traktate gelesen, die dort herumlagen, mir angeschaut, wo frühere Gefangene ausgebrochen und ein Gitter durchsägt worden war, und hatte mir die Geschichten der verschiedenen Insassen dieser Zelle angehört; denn ich entdeckte, dass es selbst hier eine Geschichte und Gerüchte gab, die nie nach draußen gelangten. Vielleicht ist dies das einzige Gebäude der Stadt, in dem Strophen verfasst werden, die zwar abgeschrieben und verbreitet, aber nie veröffentlicht werden. Man zeigte mir eine lange Reihe von Liedern einiger junger Männer, die bei einem Ausbruchsversuch erwischt worden waren und sich gerächt hatten, indem sie diese Strophen sangen.

Ich quetschte meinen Mitgefangenen aus, so gut ich konnte, denn ich fürchtete, ihn nie wiederzusehen; aber schließlich zeigte er mir mein Bett und ließ mich die Lampe ausblasen.

Dort eine Nacht lang zu liegen war wie die Reise in ein fernes Land, das zu sehen ich nie erwartet hätte. Es kam mir vor, als hätte ich das Schlagen der Turmuhr bislang nie gehört und auch nicht die abendlichen Geräusche der Kleinstadt; wir schliefen nämlich bei geöffneten Fenstern, die innerhalb der Gitter lagen. Ich sah meine Heimatstadt im Licht des Mittelalters, unser Concord verwandelt in den Strom des Rheins, und vor meinem Auge zogen Visionen von Rittern und Burgen vorüber. In den Straßen hörte ich die Stimmen mittelalterlicher Bürger. Ich war unfreiwilliger Zuschauer und Zuhörer von allem, was in der Küche der benachbarten Gastwirtschaft getan und gesagt wurde – eine völlig neue und ungewohnte Erfahrung für mich. Es war ein tieferer Einblick in meine Heimatstadt. Ich war mittendrin. Ich hatte ihre Einrichtungen vorher nie wahrgenommen. Das Gefängnis ist eine ihrer charakteristischsten Einrichtungen, denn es ist eine Kreisstadt. Ich begann zu verstehen, was ihre Einwohner umtrieb.

Am Morgen schob man uns das Frühstück durch das Loch in der Tür, in kleinen, rechteckigen Blechnäpfen, die genau hindurchpassten und etwa einen halben Liter Schokolade, Graubrot und einen eisernen Löffel enthielten. Als sie nach dem Essgeschirr verlangten, wollte ich, naiv wie ich war, das übrig gebliebene Brot zurückgeben, aber mein Genosse nahm es und sagte, ich solle es für das Mittag- oder Abendessen aufheben. Bald darauf ließ man ihn zur Arbeit hinaus, er ging jeden Tag zur Heuernte auf ein benachbartes Feld und würde erst gegen Mittag zurückkommen; also wünschte er mir einen guten Tag und sagte, dass er mich wohl nicht wiedersehen würde.

Als ich aus dem Gefängnis entlassen wurde – denn jemand mischte sich ein und bezahlte die Steuer –, konnte ich insgesamt keine großen Veränderungen feststellen, so wie sie einer beobachtet, der als junger Mann eingesperrt wird und als klappriger, grauhaariger Mann wieder herauskommt; und doch hatte sich der Schauplatz in meinen Augen verändert – die Stadt, der Staat, das Land –, stärker als die Zeit allein es vermocht hätte. Deutlicher als zuvor sah ich den Staat, in dem ich lebte. Ich erkannte, inwieweit ich den Menschen, mit denen ich lebte, als guten Nachbarn und Freunden trauen konnte; dass ihre Freundschaft nur für Sommerwetter taugte; dass sie sich nicht übermäßig bemühten, aufrichtig zu handeln; dass sie mit ihren Vorurteilen und ihrem Aberglauben einer anderen Rasse angehörten als ich, mir so fern wie Chinesen oder Malaien; dass sie mit ihrem Einsatz für mehr Menschlichkeit kein Risiko eingingen, nicht einmal für ihren Besitz; dass sie im Grunde genommen doch nicht so ehrenwert waren, sondern den Dieb so behandelten wie er sie und hofften, durch Einhaltung gewisser äußerlicher Rituale und einiger Gebete und indem sie von Zeit zu Zeit auf einem besonders geraden, aber nutzlosen Pfad wandelten, ihre Seelen zu retten. Vielleicht urteile ich zu scharf über meine Nachbarn; denn ich glaube, dass viele von ihnen nicht wissen, dass es in ihrem Ort eine solche Einrichtung wie das Gefängnis gibt.

Wenn früher ein armer Schuldner aus dem Gefängnis kam, war es in unserer Stadt üblich, dass ihn seine Bekannten durch ihre gekreuzten Finger hindurch ansahen, welche die Gitter des Gefängnisfensters darstellten, und ihn begrüßten: »Guten Tag!« Mich haben meine Nachbarn nicht auf diese Weise begrüßt, sondern sahen zuerst mich an und dann einander, als wäre ich von einer langen Reise zurückgekehrt. Ich wurde ins Gefängnis gesteckt, als ich gerade auf dem Weg zum Schuhmacher war, um einen geflickten Schuh abzuholen. Als ich am nächsten Morgen entlassen wurde, setzte ich meinen Gang fort und gesellte mich, nachdem ich meinen geflickten Schuh angezogen hatte, zu einer Gruppe von Heidelbeersammlern, die es kaum erwarten konnten, sich von mir anführen zu lassen; und eine halbe Stunde später – das Pferd war schnell angeschirrt – standen wir mitten in einem Heidelbeerfeld auf einem unserer höchsten Hügel, zwei Meilen entfernt, und vom Staat war dort nichts mehr zu sehen.

Dies ist die ganze Geschichte von »Meine Gefängnisse«.[14]

★

Ich habe mich nie geweigert, die Straßensteuer zu zahlen, weil ich ebenso gern ein guter Nachbar wie ein schlechter Untertan sein will; und was die Unterstützung der Schulen angeht, so leiste ich eben jetzt meinen Beitrag, um meine Landsleute zu erziehen. Ich verweigere die Zahlung nicht wegen eines bestimmten Postens auf der Steuerrechnung. Ich will einfach nur dem Staat meine Gefolgschaft verweigern, ihm den Rücken kehren und mich wirksam von ihm distanzieren. Es interessiert mich nicht, wohin mein Dollar geht, selbst wenn ich seine Spur verfolgen könnte, solange damit kein Mensch oder Gewehr gekauft wird, um jemanden zu erschießen – der Dollar ist unschuldig –, aber ich will wissen, welche Auswirkungen meine Loyalität hat. Ja, ich erkläre dem Staat auf meine Art in aller Ruhe den Krieg, wenngleich ich soviel Nutzen und Vorteil wie möglich aus ihm ziehen will, wie es in solchen Fällen üblich ist.

Wenn andere aus Sympathie für den Staat die Steuern bezahlen, die man von mir fordert, dann tun sie nur, was sie bereits in ihrem eigenen Fall getan haben, oder vielmehr leisten sie der Ungerechtigkeit noch weit mehr Vorschub, als es der Staat verlangt. Wenn sie die Steuer aus einem falsch verstandenen Interesse für die besteuerte Person zahlen, etwa um sein Eigentum zu schützen oder zu verhindern, dass er ins Gefängnis muss, dann tun sie das, weil sie nicht sorgfältig bedacht haben, wie weit sie ihren privaten Gefühlen erlauben, das Gemeinwohl zu behindern.

Dies ist also meine gegenwärtige Lage. Dabei kann man gar nicht genug darauf achtgeben, dass das eigene Handeln weder von eigener Sturheit noch durch zuviel Rücksichtnahme auf die Meinungen anderer beeinflusst wird. Man muss darauf sehen, dass man nur tut, was einem selbst und der Stunde angemessen ist.

Manchmal denke ich, die Leute meinen es doch gut, sie sind nur unwissend, sie würden es besser machen, wenn sie nur wüssten, wie: Warum sollte man seinen Nachbarn zumuten, einen so zu behandeln, wie sie es doch gar nicht wollen. Dann wieder denke ich, das ist kein Grund, dass ich tue, was sie tun, oder andere einen viel größeren, andersartigen Schmerz erleiden lasse. Dennoch sage ich mir manchmal, wenn viele Millionen Menschen ohne Zorn, ohne böse Absicht, ohne irgendwelche persönlichen Gefühle nur ein paar Schillinge von dir verlangen, ohne dass sie – gemäß ihrer Verfassung – ihre einmal ausgesprochene Forderung zurücknehmen oder verändern können und ohne dass du die Möglichkeit hättest, bei irgendwelchen anderen Millionen Menschen Einspruch dagegen zu erheben, warum setzt du dich dieser übermächtigen rohen Gewalt aus? Man trotzt doch auch Kälte und Hunger, Wind und Wellen nicht mit solcher Sturheit, tausend ähnlichen Notwendigkeiten ordnet man sich still unter. Man hält seinen Kopf nicht ins Feuer. Aber in eben dem Maße, in dem ich sie nicht nur als rohe Gewalt, sondern auch menschliche Macht betrachte, und wenn ich bedenke, dass ich in Beziehung zu diesen Millionen stehe wie zu so vielen Millionen Menschen, und nicht nur wie zu rohen oder unbelebten Dingen, erkenne ich, dass ein Berufungsverfahren möglich ist, zuerst und unmittelbar von ihnen an ihren Schöpfer, und zweitens untereinander. Wenn ich aber meinen Kopf absichtlich ins Feuer halte, dann gibt es keinen Appell an das Feuer oder an den Schöpfer des Feuers und ich bin selbst schuld daran. Wenn ich mir einreden könnte, dass ich alles Recht habe, mit den Menschen zufrieden zu sein, so wie sie sind, und sie entsprechend zu behandeln und nicht in dieser oder jener Hinsicht entsprechend meinen Forderungen und Erwartungen an sie und an mich, dann würde ich mich – wie ein guter Muselmane und Fatalist – bemühen, mich mit den Umständen zufriedenzugeben, so wie sie sind, und zu sagen, das ist Gottes Wille. Aber es gibt einen Unterschied zwischen den Menschen und der bloßen rohen Naturgewalt: Ihnen kann ich mit einigem Erfolg entgegenwirken; aber ich kann nicht erwarten, wie Orpheus die Natur der Steine, Bäume und Tiere zu verwandeln.

Ich möchte mit keinem Menschen und keinem Land im Streit liegen. Ich möchte keine Haarspaltereien betreiben, nicht spitzfindig sein oder mich für besser als meine Nachbarn halten. Ich suche vielmehr, wenn ich so sagen darf, nach einem Vorwand, um mich den Gesetzen des Landes anzupassen. Ich bin nur allzu gerne bereit, sie zu befolgen. Ich habe sogar Grund, mir in dieser Sache selbst zu misstrauen; und jedes Jahr, wenn der Steuereintreiber vorbeikommt, bin ich geneigt, die Erlasse und die Haltung der Unions- und Landesregierung und den Geist des Volkes zu prüfen, um einen Vorwand zur Konformität zu entdecken.

»Wir müssen unserem Land begegnen wie unseren
Eltern;
Und jedes Mal, wenn wir uns von unserer Liebe zu
ihm entfremden
Oder in unserem Eifer, ihm Ehre zu erweisen,
nachlassen,

Müssen wir die Auswirkungen respektieren und
unsere Seele
Dinge des Bewusstseins und des Glaubens lehren
Und nicht das Begehren nach Herrschaft oder
Nutzen.«[15]

Ich glaube, dass mir der Staat diese Arbeit bald abnehmen wird, und dann werde ich kein besserer Patriot sein als meine Landsleute. Von einem schlichten Standpunkt aus betrachtet ist die Verfassung mit all ihren Fehlern sehr gut, das Gesetz und die Gerichte verdienen hohe Anerkennung, sogar dieses Land und diese amerikanische Regierung sind in vielerlei Hinsicht als etwas Einmaliges sehr zu bewundern, als etwas, für das man dankbar sein muss, so wie sie schon viele beschrieben haben; doch von einem etwas anspruchsvolleren Standpunkt aus betrachtet sind sie so, wie ich sie beschrieben habe; und wer kann sagen, wie sie von einem noch höheren und dem höchsten Standpunkt aus erscheinen und ob es sich überhaupt lohnt, sie zu betrachten oder über sie nachzudenken?

Wie dem auch sei, die Regierung interessiert mich nicht besonders und ich werde so wenige Gedanken wie möglich an sie verschwenden. Selbst in dieser Welt gibt es nicht viele Augenblicke, in denen ich tatsächlich unter einer Regierung lebe. Wenn ein Mensch über die Freiheit der Gedanken, Freiheit der Phantasie und Freiheit der Vorstellung verfügt, wenn ihm *das, was nicht ist*, nie für längere Zeit erscheint, *als wäre es*, dann können ihm törichte Herrscher oder Reformer nicht zum Verhängnis werden.

Ich weiß, dass die meisten Menschen anders denken als ich; aber jene, die ihr Leben von Berufs wegen dem Studium dieser oder verwandter Gegenstände widmen, überzeugen mich am allerwenigsten. Staatsmänner und Abgeordnete, die so hundertprozentig innerhalb ihrer Institution stehen, nehmen sie nie klar und deutlich wahr. Sie reden davon, die Gesellschaft zu verändern, haben aber keine Bleibe außerhalb derselben. Es sind vielleicht Männer mit einiger Erfahrung und Urteilsvermögen, die zweifellos raffinierte und sogar nützliche Staatsapparaturen erfunden haben, für die wir ihnen aufrichtig danken; aber all ihr Verstand und ihre Nützlichkeit liegen innerhalb gewisser, nicht sehr ausgedehnter Grenzen. Sie vergessen gerne, dass die Welt nicht von Politik und Zweckmäßigkeit regiert wird. Webster[16] hinterfragt die Regierung nie, daher kann er auch nicht überzeugend darüber reden. Seine Worte sind Weisheit für jene Abgeordnete, die keine grundlegende Reform der bestehenden Regierung erwägen; aber aus der Sicht denkender Menschen und jener, die Gesetze für alle Zeiten machen, wirft er noch nicht einmal einen flüchtigen Blick auf das Thema. Ich kenne Menschen, deren klare und kluge Gedanken zu diesem Thema schnell die Grenzen seiner Kompetenz und Aufgeschlossenheit bloßstellen würden. Dennoch sind seine Worte, verglichen mit den billigen Versprechungen der meisten Reformer und der noch armseligeren Weisheit und Beredsamkeit der Politiker im Allgemeinen, fast die einzigen vernünftigen und hilfreichen, und wir danken dem Himmel für ihn. Im Vergleich ist er immer stark, authentisch und vor allem praktisch. Und doch ist er nicht an Weisheit, sondern an Vernunft überlegen. Die Wahrheit eines Juristen ist nicht Wahrheit, sondern Folgerichtigkeit oder eine konsequente Zweckmäßigkeit. Wahrheit steht immer im Einklang mit sich selbst, und es ist nicht ihr erstes Anliegen, die Rechtslage offenzulegen, die mit einem Verbrechen korrespondiert. Webster verdient den Beinamen, den man ihm gegeben hat: Verteidiger der Verfassung. Er kann nicht offensiv agieren, nur defensiv. Er ist kein Anführer, sondern ein Gefolgsmann. Seine Anführer sind die Gründungsväter von '87. »Es war mir nie ein Anliegen«, sagt er, »und ich mache es auch nicht zu meinem Anliegen, ich habe Anstrengungen nie unterstützt und werde sie auch nie unterstützen, welche darauf zielen, die ursprüngliche Übereinkunft zu untergraben, durch welche die verschiedenen Staaten zu einer Union zusammengekommen sind.« Wenn er darüber nachdenkt, dass die Verfassung die Sklaverei toleriert, sagt er: »Weil sie Teil des ursprünglichen Vertrages war, soll es dabei bleiben.« Ungeachtet seines besonderen Scharfsinns und Geschicks ist er nicht in der Lage, einen Sachverhalt aus den rein politischen Bezügen herauszulösen und ihn isoliert und mit Verstand zu betrachten, wie es sich heute für einen Amerikaner zum Beispiel hinsichtlich der Sklaverei geziemt. Stattdessen verlegt er sich darauf, eine derart armselige Antwort wie die folgende zu geben, und versichert dazu noch, unabhängig und als Privatmann zu sprechen – was für ein neuer, einzigartiger Kodex gesellschaftlicher Pflichten soll daraus erwachsen? Er sagt: »Über die Art und Weise, wie die Regierungen jener Staaten, in denen es Sklaverei gibt, diese handhaben, haben nur sie selbst zu richten entsprechend ihrer Verantwortung gegenüber ihren Wählern, gegenüber dem Recht auf Eigentum, Menschlichkeit und Gerechtigkeit und gegenüber ihrer Verantwortung vor Gott. Vereinigungen, die sich anderswo gebildet haben, aus einem Gefühl der Menschlichkeit oder sonstigen Gründen, haben nicht das Geringste damit zu tun. Sie haben und werden meine Unterstützung nie erfahren.«

Diejenigen, die keine reineren Quellen der Wahrheit kennen, die ihren Strom nicht zurückverfolgt haben, halten sich vernünftigerweise an die Bibel und die Verfassung und trinken daraus an Ort und Stelle in Ehrfurcht und Demut; diejenigen aber, die sehen, wie die Wahrheit als Rinnsal in diesen Teich oder jenen Tümpel sickert, rüsten sich erneut und setzen ihre Pilgerreise hin zur Quelle fort.

In Amerika hat es einen Genius für Gesetzgebung nie gegeben. Genies sind in der Weltgeschichte ohnehin selten. Es gibt Redner, Politiker und redegewandte Leute zu Tausenden; doch jener Redner hat seinen Mund noch nicht geöffnet, der fähig wäre, die strittigsten Fragen des Tages zu klären. Wir lieben die Beredsamkeit um ihrer selbst willen, nicht wegen irgendeiner Wahrheit, die sie äußern, oder irgendeines Heldenmuts, den sie wecken mag. Unsere Abgeordneten haben den großen Wert des freien Handels, der Freiheit, der Einigkeit und der Rechtschaffenheit für eine Nation noch nicht schätzen gelernt. Sie haben weder die Befähigung noch das

Talent für die vergleichsweise einfachen Fragen des Steuer- und Geldwesens, des Handels, der Industrie und der Landwirtschaft. Wenn wir unsere Führung allein dem wortreichen Geist unserer Kongressabgeordneten anvertrauen müssten, ohne Korrektur durch die entsprechende Erfahrung und den lautstarken Widerspruch des Volkes, dann würde Amerika seinen Rang unter den Nationen nicht lange behaupten. Vor achtzehnhundert Jahren – obwohl ich vielleicht kein Recht habe, das zu sagen – wurde das Neue Testament geschrieben; aber wo ist der Gesetzgeber, der genug Weisheit und Tatkraft besitzt, sich des Lichtes zu bedienen, das es auf die Wissenschaft der Gesetzgebung wirft? Die Legitimation der Regierung, selbst jener, der ich mich bereitwillig unterwerfe – denn ich gehorche mit Freuden denen, die mehr wissen und besser handeln als ich, und in vielen Dingen sogar denen, die nicht so viel wissen und es nicht so gut können –, ist nach wie vor lückenhaft: Um absolut gerecht zu sein, muss die Regierung die Vollmacht und Zustimmung der Regierten haben. Sie kann kein uneingeschränktes Recht über mich und mein Eigentum besitzen, sondern nur insoweit, wie ich es ihr zugestehe. – Die Entwicklung von einer absoluten zur eingeschränkten Monarchie und von einer eingeschränkten Monarchie zur Demokratie ist eine Entwicklung hin zu wahrer Achtung vor dem Individuum. Sogar der chinesische Philosoph war weise genug, das Individuum als Grundlage des Kaiserreichs anzusehen.[17] Ist die Demokratie, wie wir sie kennen, die letztmögliche Verbesserung einer Regierungsform? Ist es nicht denkbar, noch einen Schritt weiter in Richtung Anerkennung und Gestaltung der Menschenrechte zu gehen? Es wird nie einen wirklich freien und aufgeklärten Staat geben, solange der Staat nicht endlich das Individuum als höhere und unabhängige Macht anerkennt, von der sich seine ganze Macht und Legitimation ableiten, und es entsprechend behandelt. Ich finde Vergnügen daran, mir einen Staat immerhin vorzustellen, der es sich leisten kann, zu *allen* Menschen gerecht zu sein und den Einzelnen wie einen Nachbarn respektvoll zu behandeln; einen

Staat, der es nicht für unvereinbar mit seiner Würde hält, wenn einige sich distanzieren und weder mitwirken noch sich vereinnahmen lassen wollen, aber doch alle Pflichten eines Nachbarn und Mitmenschen erfüllen. Ein Staat, der solche Früchte trüge und zuließe, dass sie fallen, sobald sie reif sind, würde den Weg für einen vollkommeneren und ruhmreicheren Staat ebnen, wie ich ihn mir ebenfalls schon vorgestellt, aber noch nirgends gesehen habe.

Vom Gehen durch die Natur

Ich möchte für die Natur meine Stimme erheben, für die absolute Freiheit und Wildheit im Gegensatz zu einer bloß zivilisierten Freiheit und Kultur; ich möchte den Menschen als Bewohner und ursprünglichen Teil der Natur betrachten und nicht als Mitglied der Gesellschaft. Ich möchte einen radikalen Standpunkt einnehmen, und zwar mit aller Entschiedenheit, denn Verfechter der Zivilisation gibt es genug: Der Pfarrer und der Schulausschuss und alle anderen werden sich darum schon kümmern.

★

Ich bin in meinem Leben nur ein oder zwei Menschen begegnet, welche sich auf die Kunst des Gehens verstanden, die sozusagen eine Begabung für das Schlendern besaßen, ein Wort, dessen englische Form *sauntering* sich in schöner Weise ableitet »von den Müßiggängern, die im

Mittelalter durch die Lande zogen und unter dem Vorwand, *à la Sainte Terre*, ins Heilige Land zu ziehen, um Almosen baten«, bis die Kinder bei ihrem Anblick riefen: »Da kommt ein *Sainte-Terrer*«, ein *Saunterer*, ein Pilger auf dem Weg ins Heilige Land.[1] Jene, deren Fußmärsche nie ins Heilige Land führen, obwohl sie sich den Anschein geben, sind wahrhaftig bloße Müßiggänger und Vagabunden; doch jene, die wirklich ins Heilige Land ziehen, sind *Saunterer* im guten Sinne, und die meine ich. Manche freilich leiten das Wort von *sans terre* ab, ohne Land oder Zuhause, was im guten Sinne hieße, zwar kein konkretes Zuhause zu besitzen, dafür aber überall zu Hause zu sein. Dies ist nämlich das Geheimnis des erfolgreichen Pilgerns. Wer immer still zu Hause sitzt, kann in Wahrheit der größte Vagabund sein; der Pilger im guten Sinne dagegen vagabundiert nicht mehr als ein mäandernder Fluss, der sich stets unermüdlich den kürzesten Weg zum Meer sucht. Doch ich bevorzuge die erste Herleitung, welche auch die Wahrscheinlichste ist. Denn jeder Fußmarsch ist eine Art

Kreuzzug, zu dem uns irgendein innerer Peter der Einsiedler[2] auffordert, nämlich auszuziehen und das Heilige Land aus der Hand der Ungläubigen zu befreien.

Es ist wahr, wir sind nur kleinmütige Kreuzritter, und die Wanderer von heute unternehmen keine ausgedehnten Reisen mehr, deren Ende nicht abzusehen ist. Unsere Expeditionen sind bloße Ausflüge, und abends kehren wir an den gleichen Herd zurück, von dem wir aufgebrochen sind. Auf halber Strecke machen wir kehrt und verfolgen unsere Schritte zurück. Vielleicht aber sollten wir auch den kürzesten Gang im Geist eines unsterblichen Abenteuers antreten, so als wollten wir nie zurückkehren – bereit, unsere einbalsamierten Herzen als Reliquien in unsere verwaisten Königreiche zurückzusenden. Wer bereit ist, Vater und Mutter, Bruder und Schwester, Frau, Kind und Freunde zu verlassen und nie wiederzusehen, wer seine Schulden bezahlt, sein Testament gemacht und alle Angelegenheiten geregelt hat, wer also ein freier Mann ist, der ist bereit für eine Wanderung.

Um auf meine eigenen Erfahrungen zu sprechen zu kommen: Mein Begleiter und ich – gelegentlich nehme ich einen Begleiter mit – finden Gefallen an der Vorstellung, wir seien Ritter eines neuen oder vielmehr eines alten Standes – nicht Equites oder Chevaliers, nicht Ritter oder Reiter, sondern Fußgänger, ein, wie ich glaube, noch älterer und ehrbarerer Stand. Der ritterliche, heldenhafte Geist, der einst die Reiter auszeichnete, scheint heute dem Fußgänger innezuwohnen oder vielleicht in ihn eingesunken zu sein: fahrender Fußgänger statt fahrender Ritter. Er bildet eine Art vierten Stand, jenseits von Kirche, Staat und Volk.

Wir haben den Eindruck gewonnen, dass wir diese edle Kunst hier beinahe alleine ausüben, obwohl, um ehrlich zu sein, die meisten meiner Mitbürger – sofern man ihren Beteuerungen Glauben schenken darf – manchmal auch gerne wandern würden wie ich, dazu aber nicht imstande sind. Kein Reichtum kann die erforderliche Muße, Freiheit und Unabhängigkeit erkaufen, die in diesem Beruf das Kapital sind.

Dies alles schenkt allein die Gnade Gottes. Es bedarf göttlicher Fügung, um ein Wanderer zu werden. Man muss in die Familie der Wanderer hineingeboren werden. *Ambulator nascitur, non fit.*[3] Einige meiner Mitbürger können sich zwar an Wanderungen erinnern, die sie vor zehn Jahren unternommen haben, und haben sie mir beschrieben. Sie hatten dabei das Glück, sich für eine halbe Stunde im Wald zu verirren; doch ich weiß sehr wohl, dass sie sich seither an die Landstraße gehalten haben, auch wenn sie manchen Vorwand suchen, um diesem auserwählten Stand anzugehören. Zweifellos wurden sie für einen Augenblick von einer Begeisterung gepackt, die sie an ein früheres Leben erinnerte, als selbst sie als Waldmenschen und Gesetzlose lebten.

> Als er eines schönen Morgens
> Nach Greenwood kam,
> Da hörte er die zarten Töne
> Fröhlich singender Vögel.

Es ist lange her, sagte Robin,
Dass ich zuletzt hier war;
Ich verspüre Lust,
Den braunen Hirsch zu jagen.[4]

Ich glaube, dass ich meine körperliche und geistige Gesundheit nur erhalte, indem ich jeden Tag wenigstens vier, gewöhnlich sogar mehr Stunden damit verbringe, durch die Wälder und über Hügel und Felder zu streifen, absolut frei von allen weltlichen Verpflichtungen. Man sagt gewiss: Einen Penny für deine Gedanken, oder tausend Pfund. Wenn ich manchmal daran denke, dass die Handwerker und Ladenbesitzer nicht nur den ganzen Vormittag, sondern auch die Nachmittage in ihren Geschäften verbringen, viele von ihnen auch noch im Schneidersitz – als wären Beine nicht zum Stehen oder Gehen gemacht, sondern um darauf zu sitzen –, dann finde ich, sie verdienen durchaus Anerkennung dafür, dass sie nicht alle längst Selbstmord begangen haben.

Ich kann keinen Tag in meinem Zimmer bleiben, ohne Rost anzusetzen, und wenn ich mich manchmal erst um die elfte Stunde, um vier Uhr nachmittags, zu einem Spaziergang fortgestohlen habe – zu spät, um den Tag noch zu retten, weil die Schatten der Nacht sich mit dem Licht des Tages schon vermischten –, hatte ich das Gefühl, als hätte ich eine Sünde begangen, für die ich büßen muss. Ich gestehe, ich bin erstaunt über das Durchhaltevermögen und noch mehr über die moralische Gefühllosigkeit meiner Nachbarn, die sich für Wochen und Monate, ja beinahe für Jahre den ganzen Tag über in Läden und Geschäftsräume einschließen. Ich weiß nicht, aus welchem Stoff sie gemacht sind – sitzen jetzt dort um drei Uhr nachmittags, als wäre es drei Uhr morgens. Bonaparte mag von der Tapferkeit um drei Uhr morgens gesprochen haben, doch die ist nichts im Vergleich zu der Tapferkeit, die man braucht, um zu der entsprechenden Stunde am Nachmittag immer noch gut gelaunt der eigenen Person gegenüberzusitzen, mit der man schon den ganzen Vormittag verbracht hat, ja eine Garnison auszuhungern, mit der man eigentlich freundschaftlich verbunden ist. Ich wundere mich darüber, dass um diese Zeit – sagen wir zwischen vier und fünf Uhr nachmittags, wenn es für die Morgenzeitungen zu spät und für die Abendzeitungen zu früh ist –, keine ausgedehnte Explosion in den Straßen zu hören ist, die eine Unmenge altmodischer und hausbackener Ansichten und Marotten zum Auslüften in alle vier Winde zerstreut – womit das Übel behoben wäre.

Wie die Frauen das durchstehen, die noch stärker als die Männer ans Haus gebunden sind, weiß ich nicht; aber ich habe Grund zu der Annahme, dass sie keineswegs stehen. Wenn wir an einem frühen Sommernachmittag den Staub des Dorfes von unseren Rockschößen geschüttelt haben und an den Häusern mit streng dorischen oder gotischen Fassaden vorbeieilen, die eine Atmosphäre der Ruhe umgibt, flüstert mir mein Begleiter zu, dass ihre Bewohner um diese Zeit vermutlich alle zu Bett gegangen seien. Dann weiß ich die Schönheit und Pracht der Architektur zu schätzen, die sich selbst niemals zur Ruhe legt, sondern unermüdlich emporragt und über die Schlummernden wacht.

Zweifellos haben das Temperament eines Menschen und vor allem sein Alter eine Menge damit zu tun. Wenn ein Mann älter wird, wächst seine Fähigkeit, still zu sitzen und häuslichen Beschäftigungen nachzugehen. Während der Lebensabend näherrückt, verlagert er seine Gewohnheiten immer mehr in den Abend, bis er schließlich erst kurz vor Sonnenuntergang herauskommt und die nötigsten Gänge in einer halben Stunde erledigt.

Doch das Gehen, von dem ich spreche, hat keine Ähnlichkeit mit der Durchführung sogenannter Übungen wie das Schwingen von Hanteln oder Stühlen, so wie die Kranken zur vorgeschriebenen Stunde Medizin einnehmen, es ist vielmehr selbst die wichtigste Aufgabe und das wahre Abenteuer des Tages. Wer Bewegung braucht, mache sich auf die Suche nach den Quellen des Lebens. Man stelle sich nur vor, wie ein Mann seiner Gesundheit zuliebe Hanteln schwingt, während auf weit entfernter Flur diese Quellen sprudeln, die er nicht aufsucht!

Ferner muss man wie ein Kamel gehen, von dem es heißt, es sei das einzige Tier, das wiederkäut, während es geht. Als ein Reisender Wordsworths[5] Haushälterin bat, ihm das Studierzimmer ihres Herrn zu zeigen, antwortete sie: »Das hier ist seine Bibliothek, aber sein Studierzimmer ist draußen.«

Wer viel Zeit draußen verbringt, Wind und Sonne ausgesetzt, dessen Charakter entwickelt zweifellos eine gewisse Härte – wie Gesicht und Hände werden auch einige unserer feineren Wesenszüge eine dickere Haut bekommen, gerade so, wie schwere körperliche Arbeit die Hände eines Teils ihrer Feinfühligkeit beraubt. Andererseits kann das Zuhausebleiben eine Weichheit und Glätte, um nicht zu sagen eine Dünnhäutigkeit bewirken, welche mit einer gesteigerten Empfindlichkeit für gewisse Eindrücke einhergeht. Vielleicht wären wir empfänglicher für einige wichtige Einflüsse auf unsere geistige und moralische Entwicklung, wenn die Sonne uns etwas weniger beschienen und der Wind uns etwas weniger umweht hätte; und zweifellos ist es eine feine Sache, die dicke und die dünne Haut ins richtige Verhältnis zu bringen. Mir scheint jedoch, es ist ein Schorf, der ohnehin bald abfallen wird – und dass das natürliche Heilmittel in dem Verhältnis zu finden ist, in dem Tag und Nacht, Sommer und Winter, Denken und Erleben zueinander stehen. In unseren Gedanken wird umso mehr Luft und Sonne sein. Die feineren Gewebe der Selbstachtung und des Heldenmuts, deren Berührung das Herz beglückt, sind den schwieligen Händen des Arbeiters vertrauter als den schlaffen Fingern des Müßiggängers. Es ist die reine Sentimentalität, die tagsüber im Bett liegt und sich weiß fühlt, weit entfernt von der Bräune und den Schwielen der Erfahrung.

Wenn wir wandern gehen, nehmen wir ganz selbstverständlich den Weg in die Felder und Wälder: Was würde aus uns werden, wenn wir nur in einem Garten oder auf einer Promenade spazierten? Sogar ein paar philosophische Schulen haben, wenn sie nicht selbst in den Wald gingen, die Notwendigkeit verspürt, den Wald zu sich zu holen. »Sie pflanzten Haine und Alleen aus Platanen« und unternahmen in diesen Säulengängen unter freiem Himmel *subdiales ambulationes*[6]. Natürlich ist es nutzlos, unsere Schritte in Richtung Wald zu lenken, wenn sie uns nicht wirklich hintragen. Ich bin beunruhigt, wenn ich merke, dass ich zwar körperlich eine Meile in den Wald hineingegangen bin, ohne jedoch im Geist dort angekommen zu sein. Während meiner nachmittäglichen Wanderung möchte ich am liebsten meine morgendlichen Beschäftigungen und meine gesellschaftlichen Verpflichtungen vergessen. Doch manchmal geschieht es, dass ich das Dorf nur schwer abschütteln kann. Der Gedanke an irgendeine Aufgabe geht mir durch den Kopf, und schon bin nicht mehr dort, wo mein Körper ist – ich bin nicht mehr bei meinen Sinnen. Auf meinen Wanderungen aber möchte ich zu Sinnen kommen. Was soll ich im Wald, wenn ich dort an etwas denke, was außerhalb des Waldes liegt? Ich zweifle an mir selbst und mich überläuft ein unwillkürlicher Schauder, wenn ich merke, dass ich sogar in die »guten Werke« dermaßen verstrickt bin – denn auch dies kommt manchmal vor.

In meiner Umgebung gibt es viele schöne Wanderwege, und obwohl ich seit vielen Jahren fast täglich und manchmal sogar tagelang wandern gehe, bin ich sie noch nicht alle gegangen. Ein ganz neuer Ausblick ist ein großes Glück, das ich noch immer an jedem beliebigen Nachmittag erleben kann. Ein Marsch von zwei oder drei Stunden bringt mich in eine Gegend, wie ich sie mir fremder nicht vorstellen kann. Ein einzelnes Gehöft, das ich nie zuvor gesehen habe, ist manchmal ebenso schön wie die Ländereien des Königs von Dahomé[7]. Tatsächlich lässt sich eine gewisse Parallele feststellen zwischen den Möglichkeiten, die eine Landschaft in einem Umkreis von zehn Meilen oder innerhalb der Grenzen einer Nachmittagswanderung bietet, und den siebzig Jahren eines Menschenlebens. Mit beidem wird man nie ganz vertraut.

Fast alle sogenannten Fortschritte des Menschen, wie etwa der Bau von Häusern und das Roden des Waldes und aller großen Bäume, entstellen lediglich die Landschaft und machen sie immer zahmer und langweiliger. Das wäre ein Volk, das mit dem Niederbrennen der Zäune beginnt und den Wald stehen lässt! Ich sah halb abgerissene Zäune, die mitten in der Prärie endeten, und irgendeinen profanen Geizkragen, der zusammen mit einem Landvermesser seine Grundstücksgrenze kontrollierte, während ringsherum der Himmel offen stand. Er aber sah die Engel nicht, die auf- und niederstiegen, sondern hielt Ausschau nach einem alten Pfostenloch – mitten im Paradies. Ich schaute noch einmal hin und sah ich ihn, umgeben von Teufeln, inmitten eines morastigen, stygischen Sumpfes stehen. Er hatte seine Grenze zweifelsfrei gefunden, drei kleine Steine, wo zuvor ein Pfosten eingeschlagen war; und als ich genauer hinschaute, sah ich, dass sein Landvermesser der Fürst der Finsternis war.

Ich kann von meiner Haustür aus leicht zehn, fünfzehn, zwanzig oder beliebig viele Meilen gehen, ohne an irgendeinem Haus vorbeizukommen, ohne eine Straße zu überqueren, außer die, die auch Fuchs und Nerz benutzen: zuerst am Fluss, dann am Bach, und schließlich an Wiese und Waldrand entlang. In meiner Gegend gibt es ganze Quadratmeilen, die unbewohnt sind. Von vielen Hügeln aus kann ich die Zivilisation und die Häuser der Menschen in weiter Ferne sehen. Die Farmer und ihr Tun sind kaum wahrnehmbarer als die Waldmurmeltiere und ihre Baue. Der Mensch und seine Geschäfte, Kirche, Staat und Schule, Handel und Gewerbe, Handwerk und Landwirtschaft, sogar die Politik, das beunruhigendste Geschäft von allen: Ich bin erfreut zu sehen, wie wenig Raum sie in der Landschaft einnehmen. Die Politik ist nur ein schmales Feld, zu ihm führt die noch schmalere Landstraße dort drüben. Manchmal beschreibe ich einem Reisenden den Weg dorthin. Wenn du in die Welt der Politik gehen willst, dann folge der Hauptstraße – folge dem Geschäftsmann, verliere die Staubwolke, die er aufwirbelt, nicht aus den Augen, dann wird er dich direkt dorthin führen; denn auch die Politik hat ihren festen Platz und nimmt nicht allen Raum ein. Ich lasse sie hinter mir wie ein Bohnenfeld, wenn ich in den Wald trete, und schon ist sie vergessen. In nur einer halben Stunde kann ich zu einem Fleckchen Erde wandern, wo Jahr um Jahr kein Mensch wohnt und wo es folglich auch keine Politik gibt, welche nicht mehr ist als der Rauch einer Zigarre.

Das Dorf ist der Ort, auf den die Straßen zulaufen, eine Art Erweiterung der Landstraße, so wie sich ein See zum Fluss verhält. Es ist ein Körper, dessen Arme und Beine die Straßen sind – ein Ort mit drei, vier Straßen, Durchgangsstation oder Nachtquartier für Reisende. Das englische *village* kommt vom lateinischen *villa*, das Varro[8], ebenso wie *via* (Weg) und die älteren Formen *ved* und *vella*, von *veho* (ich trage) ableitet; denn die Villa ist der Ort, wohin Dinge getragen oder von dem Dinge weggetragen werden. Seinen Lebensunterhalt mit Fuhrwerken zu bestreiten nannte man *vellaturam facere*. Daher offensichtlich auch das lateinische *vilis* und das englische *vile* (wertlos, schlecht, gemein), desgleichen *villain* (Bauernflegel, Halunke). Dies deutet auf die Verkommenheit hin, zu der Dorfbewohner neigen. Sie sind müde von den Reisen, die an ihnen vorbei- und über sie hinweggegangen sind, ohne dass sie selbst aufgebrochen wären.

Manche gehen überhaupt nicht, andere nehmen die Landstraßen, einige wenige gehen querfeldein. Straßen sind für Pferde und Geschäftsleute gemacht. Ich benutze sie eher selten, da ich es nicht eilig habe, zu irgendeinem Gasthaus oder Laden oder zur nächsten Pferde- oder Eisenbahnstation zu gelangen, zu denen sie führen. Ich bin ein gutes Reisepferd, aber kein Pferd für die Straße. Der Landschaftsmaler zeichnet Menschen ein, um eine Straße kenntlich zu machen. Mein Abbild würde er dazu nicht verwenden. Ich gehe hinaus in eine Natur, in die bereits die alten Propheten und Dichter – Manu, Mose, Homer und Chaucer – gegangen sind. Man mag sie Amerika nennen, aber sie ist nicht Amerika: Weder Amerigo Vespucci noch Kolumbus noch all die anderen waren ihre Entdecker. Die Mythologie überliefert uns dazu einen glaubwürdigeren

Bericht als jede sogenannte amerikanische Geschichtsschreibung, die ich kenne.

Und doch gibt es einige wenige alte Straßen, die man mit Gewinn bereisen kann, als führten sie jetzt, da sie fast unwegsam sind, an irgendeinen Ort. Da ist zum Beispiel die alte Straße nach Marlborough, die inzwischen offenbar nicht mehr nach Marlborough führt, es sei denn, der Ort, zu dem sie mich führt, ist Marlborough. Umso gewagter von mir, sie hier zu erwähnen, denn ich nehme an, dass es in jeder Stadt ein oder zwei dieser Straßen gibt.

Die Alte Marlborough Straße

Wo einst nach Gold sie gruben,
Doch nie welches fanden;
Wo der kriegerische Miles manchmal
Alleine marschiert,
Genau wie Elijah Wood,
Von dem ich nichts Gutes erwarte,
Und kein anderer Mann,
Außer Elisha Dugan –

Ein Mann von wilder Lebensart,
Der von Rebhühnern und Hasen lebt
Und keine Sorgen hat,
Außer Fallen zu stellen.
Er lebt ganz allein,
Nahe am Hungertuch,
Und nährt sich beständig
Von der Süße des Lebens.

Wenn der Frühling mich belebt
Und mein Reisefieber weckt,
Liegt für mich genug Schotter
Auf der Alten Marlborough Straße.
Keiner bessert sie aus,
Denn keiner nutzt sie ab;
Sie ist ein Weg des Lebens,
Wie die Christen sagen.
Nicht viele gibt es,
Die ihn betreten,
Nur die Gäste
Des Iren Quin.
Was ist sie anderes
Als eine Richtung da draußen,

Und die bloße Möglichkeit,
Irgendwohin zu gehen?
Große Wegweiser aus Stein,
Aber keine Reisenden;
Ehrenmäler der Städte,
Mit Namen gekrönt.
Es lohnt sich zu schauen,
Wo du sein könntest.
Welcher König
Hat das gemacht,
Frage ich mich;
Wann und wie wurden sie errichtet,
Und von welchen Stadträten:
Gourgas oder Lee,
Clark oder Darby?
Sie sind nach Kräften bemüht,
Für die Ewigkeit zu sein;
Blanke Tafeln aus Stein,
Wo ein Reisender aufstöhnen mag
Und in einem Satz
Sein ganzes Wissen einmeißelt;
Was ein anderer lesen mag
In seiner äußersten Not.

Ich weiß ein oder zwei
Zeilen, die dazu taugen,
Dichtung, die im ganzen Land
Bestand hätte,
Die ein Mann im Gedächtnis behielte
Bis zum nächsten Dezember,
Und im nächsten Frühjahr wieder läse,
Nach der Schneeschmelze.
Wenn du mit offenen Sinnen
Deine Wohnung verlässt,
Kannst du auf der Alten Marlborough Straße
Um die ganze Welt wandern.

Zurzeit befindet sich das beste Land in dieser Gegend nicht in Privatbesitz; die Landschaft gehört niemandem und der Wanderer erfreut sich beträchtlicher Freiheit. Doch der Tag wird wohl kommen, da das Land in sogenannte Vergnügungsparks aufgeteilt wird, in denen nur wenige Menschen ausgesuchten und exklusiven Vergnügungen nachgehen werden; der Tag, da sich Zäune, Fallen und andere findige Vorrichtungen vervielfachen werden, welche die Menschen dazu zwingen, auf den *öffentlichen* Wegen zu bleiben; und über Gottes Erde zu wandern wird bedeuten, unbefugt den Grund und Boden irgendeines Herrn zu betreten. Eine Sache nur für sich allein zu genießen bedeutet gemeinhin, sich selbst um die wahre Freude daran zu bringen. Lasst uns also die Gunst der Stunde nutzen, bevor diese schlechten Zeiten anbrechen.

★

Was macht es uns manchmal so schwer zu entscheiden, wohin wir gehen sollen? Ich glaube, dass es einen subtilen Magnetismus in der Natur gibt, der uns, wenn wir uns ihm unbewusst überlassen, den rechten Weg weisen wird. Es ist uns nicht gleichgültig, welchen Weg wir einschlagen. Es gibt einen richtigen Weg, aber wir neigen dazu, aus Unachtsamkeit und Dummheit den falschen zu wählen. Wir würden am liebsten den Weg einschlagen, den wir zwar in der realen Welt noch nie gegangen sind, der aber symbolisch für jenen Weg steht, den wir liebend gern in einer inneren, ideellen Welt bereisen; und zweifellos finden wir es manchmal schwierig, uns für eine Richtung zu entscheiden, weil sie in unserer Vorstellung noch nicht greifbar existiert.

Wenn ich aus dem Haus gehe, um eine Wanderung zu machen, und, noch unentschlossen, wohin ich meine Schritte lenken soll, die Entscheidung meinem Instinkt überlasse, dann stelle ich fest, so seltsam und wunderlich das klingen mag, dass ich mich letztlich immer nach Südwesten wende, einem bestimmten Waldstück, einer Wiese, einem verlassenen Weideland oder einem Hügel zu, die in dieser Richtung liegen. Meine innere Kompassnadel richtet sich nur langsam aus – sie kann, zugegebenermaßen, auch um ein paar Grad abweichen und zeigt nicht immer genau nach Südwesten, wofür sie gute Gründe hat, aber sie pendelt sich immer zwischen West und Süd-Südwest ein. Die Zukunft liegt für mich in dieser Richtung, dort scheint die Erde reicher und noch nicht so ausgelaugt zu sein. Die Außenlinie der Fläche, auf die sich meine Wanderungen beschränken, gleicht keinem Kreis, sondern einer Parabel oder vielmehr der Kurve einer dieser vermeintlich nicht periodischen Kometenbahnen, in diesem Fall nach Westen hin geöffnet, wobei mein Haus den Platz der Sonne einnimmt. Manchmal drehe ich mich eine Viertelstunde lang unentschlossen im Kreis, bevor ich zum tausendsten Mal beschließe, nach Südwesten oder Westen zu wandern. Ostwärts gehe ich nur, wenn man mich zwingt, westwärts dagegen aus freien Stücken. Keine Geschäfte führen mich dorthin. Es fällt mir schwer zu glauben, dass ich hinter dem östlichen Horizont schöne Landschaften oder imposante Wildnis sowie Freiheit finden könnte. Die Aussicht auf eine Wanderung dorthin reizt mich nicht; dagegen glaube ich, dass der Wald, den ich am westlichen Horizont sehe, sich unaufhörlich bis zur untergehenden Sonne erstreckt und es dort keine Dörfer oder Städte gibt, die groß genug sind, um mich zu stören. Egal wo ich lebe: Wenn auf der einen Seite die Stadt liegt und auf der anderen die Wildnis, dann werde ich immer der Stadt den Rücken kehren und mich in die Wildnis zurückziehen. Ich würde diese Tatsache nicht so besonders betonen, wenn ich nicht glaubte, dass eine ähnliche Neigung auch bei meinen Landsleuten vorherrscht. Ich muss gen Oregon wandern, nicht gen Europa. In diese Richtung bewegt sich die ganze Nation, ja, der Fortschritt der Menschheit zieht von Ost nach West, möchte ich sagen. Innerhalb weniger Jahre haben wir bei der Besiedelung Australiens das Phänomen einer Migration in südöstlicher Richtung miterlebt; das aber wirkt auf uns wie eine rückwärtsgewandte Bewegung und erweist sich, der moralischen und physischen Verfassung der ersten Generation von Australiern nach zu urteilen, bisher nicht als geglücktes Experiment. Die östlichen Tataren glauben, dass es westlich von Tibet nichts mehr gibt. Sie sagen: »Dort hört die Welt auf, dahinter liegt nichts als ein uferloses Meer.«[9] Diese Menschen leben im tiefsten Osten.

Wir gehen ostwärts, um unsere Geschichte zu begreifen und die Werke der Kunst und Literatur zu studieren und um die Entwicklungsstufen unseres Volkes zurückzuverfolgen; westwärts dagegen gehen wir, voller Unternehmungsgeist und

Abenteuerlust, gleichsam den Weg in die Zukunft. Der Atlantik ist wie der Fluss Lethe, mit seiner Überquerung hatten wir Gelegenheit, die Alte Welt und ihre Institutionen zu vergessen. Sollte uns das jetzt nicht gelingen, haben wir vielleicht noch eine zweite Möglichkeit, einen Strom des Vergessens zu überqueren, bevor wir die Ufer des Styx erreichen, nämlich den Lethe des Pazifiks, der dreimal so breit ist wie der Atlantik.

Ich weiß nicht, wie bedeutsam oder inwiefern es ein Zeichen von Einzigartigkeit ist, dass ein einzelner Mensch selbst seinen kürzesten Spaziergang im Einklang mit der Fortbewegung aller Menschen macht; aber ich weiß, dass etwas Ähnliches wie der Wandertrieb der Vögel und Vierbeiner – der in manchen Fällen bekanntermaßen auch die Eichhörnchen erfasst und sie zu einer allgemeinen und unerklärlichen Reise treibt, auf der sie, wie man hört, auf Holzstücken und mit zum Segel aufgestelltem Schwanz selbst die breitesten Flüsse überqueren und die schmaleren Bäche mit ihren Toten überbrücken –, dass etwas Ähnliches wie der *furor*, der das Vieh im

Frühling befällt und der mit einem Wurmbefall in Verbindung gebracht wird, sowohl Nationen als auch Individuen in regelmäßigen Abständen oder von Zeit zu Zeit überkommt. Es fliegt keine Schar Wildgänse schnatternd über unsere Stadt, ohne dass die Grundstückspreise fallen, und wenn ich Makler wäre, dann würde ich diese Unruhestifter mit einkalkulieren.

> Dann wendet sich das Volk zur Pilgrimschaft
> Und Pilger schiffen hin zu fernem Strand.[10]

Jeder Sonnenuntergang, den ich betrachte, erfüllt mich mit der Sehnsucht, in einen Westen zu wandern, der so weit entfernt und so schön ist wie der, in dem die Sonne versinkt. Sie scheint tagtäglich westwärts zu wandern und lockt uns, ihr zu folgen. Sie ist die Große Pionierin des Westens, der die Nationen folgen. Die ganze Nacht träumen wir von den Gebirgskämmen am Horizont, auch wenn es vielleicht nur Wolkenschleier sind, von den letzten Sonnenstrahlen vergoldet. Die Insel Atlantis und die Inseln und

Gärten der Hesperiden, eine Art irdisches Paradies, scheinen der Große Westen der Antike gewesen zu sein, mythen- und sagenumwoben. Wer hat nicht schon einmal beim Betrachten des Sonnenuntergangs in seiner Phantasie die Gärten der Hesperiden und den Ursprung all dieser Mythen gesehen?

Stärker als irgendjemand vor ihm empfand Kolumbus den Drang nach Westen. Er gab ihm nach und fand eine Neue Welt für Kastilien und Léon. Die Menschenherde damals witterte den Duft frischer Weidegründe in der Ferne.

> Jetzt, da die Strahlen der Sonne über alle Hügel
> gewandert waren,
> Jetzt, da sie im Westen im Meer versank,
> Stieg schließlich er empor und raffte seinen blauen
> Mantel;
> Und morgen auf zu frischen Wäldern und neuen
> Auen.[11]

Wo auf dem Erdball findet sich ein so ausgedehntes Gebiet wie das, das von der Fülle unserer Bundesstaaten besetzt ist und so fruchtbar und reich ist, so vielfältig in seinen Erzeugnissen und zugleich so bewohnbar für die Europäer wie dieses Land? Michaux, der nur einen Teil davon gekannt hat, sagte, dass »die Artenvielfalt großer Bäume in Nordamerika größer ist als in Europa; in den Vereinigten Staaten gibt es über einhundertvierzig Arten, die höher als dreißig Fuß werden; in Frankreich gibt es nur dreißig, die diese Höhe erreichen.«[12] Spätere Botaniker konnten seine Beobachtungen nur bestätigen. Humboldt[13] kam nach Amerika, um sich seinen Jugendtraum von einer tropischen Vegetation zu erfüllen, und er fand sie in größter Perfektion in den Urwäldern des Amazonas, der gewaltigsten Wildnis der Erde, die er so eindrucksvoll beschrieben hat. Der Geograf Guyot, selbst Europäer, ging noch einen Schritt weiter – weiter, als ich ihm zu folgen bereit bin; was jedoch nicht gilt, wenn er sagt: »Wie die Pflanze für das Tier, die Pflanzenwelt für die Tierwelt geschaffen ist, so ist Amerika für den Menschen der Alten Welt geschaffen ... Der Mensch der Alten Welt bricht auf zu seiner Reise. Er verlässt das Hochland Asiens und steigt Stufe um Stufe hinab in Richtung Europa. Jeder seiner Schritte ist charakterisiert durch eine neue Zivilisation, die der vorangegangenen an Gestaltungskraft überlegen ist. Am Atlantik angekommen verharrt er am Ufer dieses unbekannten Ozeans, dessen Grenzen er nicht kennt, und blickt für einen Augenblick auf seine Fußspuren zurück.« Doch sobald er den fruchtbaren Boden Europas ausgeschöpft hat und wieder bei Kräften ist, »setzt er wie in früheren Zeiten seine abenteuerliche Reise nach Westen fort.«[14] So weit Guyot.

Der Konfrontation dieses Drangs nach Westen mit der Begrenzung durch den Atlantik entsprangen Handel und Wirtschaft der modernen Zeit. Der jüngere Michaux schreibt in seinen »Reisen westlich der Appalachen im Jahr 1802«, dass eine übliche Frage im neu besiedelten Westen lautete: »›Aus welchem Teil der Welt kommst du?‹ Als wären diese weiten und fruchtbaren Regionen der natürliche Ort der Begegnung und das gemeinsame Land aller Bewohner der Erde.«[15]

In Anlehnung an ein altes lateinisches Sprichwort könnte ich sagen: *Ex oriente lux; ex occidente frux* – aus dem Osten das Licht, aus dem Westen die Frucht.

Sir Francis Head, englischer Reisender und Generalgouverneur von Kanada, berichtet uns, dass »sowohl in der nördlichen als auch in der südlichen Hemisphäre der Neuen Welt die Natur ihre Schöpfungen nicht nur in einem größeren Maßstab entworfen, sondern das ganze Bild mit Farben gemalt hat, die leuchtender und kostbarer sind als jene, mit denen sie die Alte Welt dargestellt und ausgeschmückt hat ... Der Himmel über Amerika erscheint unendlich viel höher und blauer, die Luft ist frischer, die Kälte klirrender, der Mond wirkt größer, die Sterne sind heller, der Donner ist lauter, die Blitze sind greller, der Wind ist stärker, der Regen heftiger, die Berge sind höher, die Flüsse länger, die Wälder größer, die Ebenen weiter.«[16] Diese Äußerung sollte genügen, um Buffons[17] Beschreibung von diesem Teil der Welt und seinen Produkten etwas entgegenzusetzen.

Linné[18] hat vor langer Zeit gesagt: »*Nescio quae facies laeta, glabra plantis Americanis:* Ich weiß nicht, was die amerikanischen Pflanzen so heiter und geschmeidig macht.« Ich glaube, es gibt in diesem Land keine oder höchstens sehr wenige afrikanische Raubtiere, *Africanae bestiae,* wie die Römer sie nannten, sodass es auch in dieser Hinsicht für die Besiedelung durch den Menschen besonders geeignet ist. Man hört, dass im Umkreis von drei Meilen um die ostindische Stadt Singapur Jahr für Jahr mehrere Einwohner von Tigern verschleppt werden; in Nordamerika hingegen kann der Reisende fast überall in den Wäldern übernachten, ohne wilde Tieren fürchten zu müssen.

Dies sind ermutigende Zeugnisse. Wenn der Mond hierzulande größer wirkt als in Europa, dann gilt das möglicherweise auch für die Sonne. Wenn der Himmel Amerikas unendlich viel höher erscheint und die Sterne heller, dann vertraue ich darauf, dass diese Gegebenheiten auch die Höhen symbolisieren, zu denen sich die Philosophie, Literatur und Religion seiner Bewohner eines Tages aufschwingen werden. Vielleicht wird einst der ideelle Himmel dem amerikanischen Geist ebenso viel höher erscheinen und die Andeutungen seiner Sterne um ebenso viel heller. Denn ich bin überzeugt, dass die Umgebung den Menschen beeinflusst – zum Beispiel liegt etwas in der Höhenluft, das den Geist nährt und ihn beflügelt. Wie soll denn der Mensch unter solchen Einflüssen nicht geistig und körperlich zu größerer Vollkommenheit gelangen? Oder ist es unerheblich, wie viele neblige Tage es in seinem Leben gibt? Ich bin mir sicher, dass unsere Phantasie beflügelt wird, dass unsere Gedanken so klar, frisch und ätherisch sein werden wie unser Himmel, unsere Wahrnehmungsfähigkeit so umfassend und ausgedehnt wie unsere Ebenen, unser allgemeiner Verstand so gewaltig wie Blitz und Donner, Flüsse, Berge und Wälder, und dass genauso unsere Herzen an Weite, Tiefe und Großmut unseren Seen gleichkommen werden. Vielleicht wird der Reisende sogar in unseren Gesichtern etwas von diesem *laeta* und *glabra* entdecken, etwas Heiteres und Gelassenes, das er sich nicht erklären kann. Welchem Ende geht die Welt sonst entgegen, warum sonst wurde Amerika entdeckt?

Amerikanern muss ich kaum zurufen:

> »Westwärts zieht der Stern des Reiches.«[19]

Als wahrer Patriot sollte ich mich schämen zu denken, dass Adam im Paradies insgesamt unter besseren Bedingungen lebte als ein Waldsiedler hier bei uns.

In Massachusetts beschränkt sich unsere Vorliebe nicht auf Neuengland; dem Süden haben wir uns zwar etwas entfremdet, doch wir lieben den Westen. Dort liegt die Heimat der jüngeren Söhne, die wie die Skandinavier für ihr Erbe aufs Meer hinausfuhren. Es ist zu spät, um Hebräisch zu lernen; viel wichtiger ist es, zumindest die Umgangssprache von heute zu verstehen.

Vor einigen Monaten habe ich mir ein Panoramabild des Rheins angesehen. Es war wie ein Traum aus dem Mittelalter. Ich ließ meiner

Phantasie freien Lauf und trieb den historischen Strom hinab, unter Brücken hindurch, die von den Römern gebaut und von späteren Helden wieder instand gesetzt worden waren, vorbei an Städten und Burgen, deren Namen allein mir wie Musik in den Ohren klangen und von denen jede für sich Teil einer Legende war. Da waren Ehrenbreitstein, Rolandseck und Koblenz, die ich bisher nur aus der Geschichte kannte. Die Ruinen interessierten mich am meisten. Aus dem Fluss und von den mit Wein bewachsenen Hügeln und Tälern schien gedämpfte Musik aufzusteigen, wie von Kreuzfahrern, die ins Heilige Land aufbrechen. Wie verzaubert glitt ich dahin, als wäre ich in ein heroisches Zeitalter zurückversetzt und atmete die Luft der Ritterzeit.

Bald darauf sah ich mir ein Panoramabild des Mississippi an, und während ich mich im Licht der Gegenwart den Fluss hinaufarbeitete und die Dampfer betrachtete, die mit Brennholz beladen wurden, die aufstrebenden Städte zählte, die noch jungen Ruinen von Nauvoo in Augenschein nahm, mir die Indianer ansah, die den

Fluss in westlicher Richtung überquerten, und so, wie ich zuvor die Mosel hinaufgeschaut hatte, jetzt den Ohio und den Missouri hinaufschaute und die Legenden von Dubuque und Winona's Cliff vernahm – wobei ich noch immer mehr an die Zukunft als an die Vergangenheit oder die Gegenwart dachte –, da erkannte ich, dass dies ein Rhein von anderer Art ist; dass die Fundamente der Burgen erst noch gelegt, dass die berühmten Brücken über den Fluss erst noch geschlagen werden müssen; und ich spürte, dass *dies ja selbst ein heroisches Zeitalter ist*, ohne dass wir es wissen, weil der Held im Allgemeinen der einfachste und unbedeutendste Mann ist.

*

Der Westen, von dem ich spreche, ist nur ein anderer Name für die Wildnis; und was ich eigentlich damit sagen will, ist, dass in der Wildnis der Schlüssel zur Erhaltung der Welt liegt. Jeder Baum sucht mit ausgestreckten Fasern nach dem Wilden. Die Städte beziehen es zu jedem beliebigen Preis. Die Menschen pflügen das Land und besegeln die Meere, um es zu finden. Aus den Wäldern und der Wildnis stammen die Elixiere und Heilrinden, welche die Menschheit stärken. Unsere Vorfahren waren Wilde. Die Geschichte von Romulus und Remus, die von einer Wölfin gesäugt wurden, ist keine belanglose Sage. Die Begründer aller Staaten von Bedeutung haben ihre Nahrung und ihre Stärke aus einer ähnlich wilden Quelle bezogen. Weil die Kinder des Römischen Reiches nicht auch von einer Wölfin gesäugt wurden, konnten die Kinder der nördlichen Wälder, die diesen Vorzug genossen, sie besiegen und verdrängen.

Ich glaube an die Wälder, an die Wiesen und die Nacht, in der das Samenkorn aufgeht. Wir brauchen einen Aufguss aus Hemlocktannenrinde oder den jungen Trieben des Lebensbaumes für unseren Tee. Es ist ein Unterschied, ob man isst und trinkt, um sich zu stärken, oder um der bloßen Völlerei willen. Die Hottentotten verschlingen begierig das rohe Mark von Kudus und anderen Antilopenarten, als wäre es eine Selbstverständlichkeit. Einige unserer Indianer aus dem

Norden essen das rohe Mark von arktischen Rentieren sowie verschiedene andere Teile einschließlich der Geweihspitzen, solange sie weich sind. Damit haben sie vielleicht den Pariser Köchen etwas voraus. Sie essen, was normalerweise ins Feuer geworfen wird. Wahrscheinlich ist dies sogar gesünder für den Menschen als das Fleisch gemästeter Stallrinder und das Schweinefleisch aus dem Schlachthaus. Ich will eine Wildnis, deren Anblick keine Zivilisation ertragen kann – als lebten wir von dem roh verzehrten Mark der Kudus.

Es gibt ein paar Inseln am Rande des Brutgebietes der Walddrossel – dorthin würde ich gerne ziehen: wilde Landstriche, in denen sich kein Siedler niedergelassen hat und an die ich mich, glaube ich, schon gewöhnt habe.

Der Afrikajäger Cumming berichtet, dass die Haut einer Elenantilope, wie auch die der meisten anderen frisch erlegten Antilopen, einen äußerst köstlichen Duft nach Bäumen und Gräsern verströmt. Ich wünschte, jeder Mensch wäre wie eine wilde Antilope so sehr Teil der Natur, dass seine Gegenwart ebenso süß unsere Sinne umschmeichelt und uns an jene Gebiete der Natur erinnert, in denen er sich am häufigsten aufhält. Es ist für mich kein Anlass zu Gespött, wenn dem Mantel des Pelzjägers der Geruch der Bisamratte anhängt; für mich ist das ein süßerer Duft als jener, den die Kleidung der Kaufleute oder der Gelehrten für gewöhnlich verbreitet. Wenn ich ihre Schränke öffne und ihre Kleider anfasse, werde ich nicht an die grasbewachsenen Ebenen und Wiesen voller Blumen erinnert, die sie vielleicht aufgesucht haben, sondern vielmehr an staubige Handelsbörsen und Bibliotheken.

Eine gebräunte Haut ist mehr als ehrbar, und vielleicht ist Oliv eine bessere Farbe als Weiß für einen Mann – einen Bewohner der Wälder. »Der bleiche weiße Mann!« – Es wundert mich nicht, dass die Afrikaner ihn bedauerten. Der Naturforscher Darwin sagt: »Schwimmt ein Weißer neben einem Tahitianer, so wirkt er wie ein vom Gärtner künstlich gebleichtes Gewächs verglichen mit einer makellosen, dunkelgrünen Pflanze, die in freier Natur üppig gedeiht.«[20]

⋆

Ben Jonson verkündet: »Wie nah am Guten liegt das Schöne!«[21]

Ich dagegen sage: »Wie nah am Guten liegt das Wilde!«

Das Leben steht im Einklang mit der Wildnis. Das Wildeste ist das Lebendigste. Da der Mensch es noch nicht bezwungen hat, erfrischt ihn seine Gegenwart. Einer, der unaufhörlich vorwärtsstrebte und nie von seinen Mühen ausruhte, der schnell heranwuchs und unendlich viel vom Leben forderte, würde sich in einem neuen Land oder in einer neuen Wildnis stets wiederfinden, umgeben vom rohen Stoff des Lebens. Er würde über die umgestürzten Stämme der Urwaldbäume klettern.

Für mich finden sich Hoffnung und Zukunft nicht in Rasenflächen und kultivierten Feldern, nicht in Dörfern und Städten, sondern in den unberührten, schwankenden Sümpfen. Als ich früher einmal den Kauf einer Farm erwog und herausfinden wollte, was mir an ihr gefiel, musste ich feststellen, dass lediglich ein paar Quadratmeter eines undurchdringlichen und unergründlichen Sumpfes mein Interesse geweckt hatten, der sich dort in einer Senke befand. Das war das Juwel, das mich geblendet hatte. Die Sümpfe, die meine Heimatstadt umgeben, bereichern mein Leben mehr als die angelegten Gärten im Ort. In meinen Augen gibt es keine prächtigeren Parkanlagen als die dichten Beete des Zwerglorbeers *(Cassandra calyculata)*, die diese fragilen Stellen der Erdoberfläche bedecken. Die Botanik kann mir nur die Namen der Stauden nennen, die dort wachsen: Blaubeere, Rosmarinheide, Lorbeerrose, Azalee, Rhododendron – alle wachsen auf dem schwankenden Torfboden. Ich denke oft, dass es mir gefiele, wenn mein Haus an diese blassroten Sträucher grenzte, ohne andere Blumenbeete oder Einfassungen, verpflanzte Fichten und getrimmte Buchsbäume, ja sogar ohne kiesbestreute Wege –, wenn vor meinem Fenster dieser fruchtbare Ort läge und nicht die paar Schubkarren voll Erde, die den Sand bedecken sollen, der beim Ausheben des Kellers zutage befördert wurde. Warum sollen mein Haus, mein Wohnzimmer nicht an jenes Stück Land grenzen anstatt an diese jämmerliche Ansammlung von Kuriositäten, dieses armselige Exemplar von Natur und Kunst, das ich meinen Vorgarten nenne? Es ist ein Aufwand, ihn für den Passanten wie für den Bewohner in Ordnung zu halten und für eine ansprechende Erscheinung zu sorgen, nachdem Zimmermann und Maurer gegangen sind. Selbst der geschmackvollste Vorgartenzaun war für mich nie ein bevorzugtes Studienobjekt; die kunstvollsten Ornamente, Zierspitzen in Eichelform und dergleichen, erfüllten mich bald mit Langeweile und Abscheu. Rückt eure Türschwellen so nah wie möglich an den Sumpf heran (auch wenn das nicht der beste Ort für einen trockenen Keller sein mag), sodass es von dieser Seite keinen Zugang für eure Mitbürger gibt. Vorgärten dienen nicht dem Zweck, sie zu betreten, sondern höchstens dazu, sie zu durchqueren, und man kann ja durch die Hintertür ins Haus gehen.

Ja, man mag mich für verrückt halten, aber wenn ich die Wahl hätte zwischen einem Haus in der Nähe des schönsten Gartens, den die menschliche Kunst je ersonnen hat, und einem Haus neben einem trüben Sumpf, dann würde ich mich selbstverständlich für den Sumpf entscheiden. Wie vergeblich waren da all eure Mühen für mich, ihr Bürger!

Meine Stimmung steigt untrüglich, je mehr die Trostlosigkeit meiner Umgebung zunimmt. Gebt mir den Ozean, die Wüste oder die Wildnis! In der Wüste gleichen die saubere Luft und die Einsamkeit den Mangel an Feuchtigkeit und Fruchtbarkeit aus. Der Reisende Burton stellt fest: »Die *Moral* verbessert sich; man wird offen und herzlich, gastfrei und aufrichtig ... Alkoholische Getränke erregen in der Wüste nur Ekel. Im rein animalischen Sein dagegen erschließt sich die volle Freude.«[22] Jene, die lange durch die tatarische Steppe gezogen sind, sagen: »Als wir in die besiedelten Länder zurückkehrten, machten uns die Unruhe, die Verwirrung und das Treiben der Zivilisation ganz beklommen und wir glaubten zu ersticken; uns schien die Luft auszugehen und wir dachten, wir könnten jeden Augenblick an Atemnot sterben.« Wenn ich Erholung brauche, suche ich den finstersten Wald und das tiefste, ausgedehnteste und, aus Sicht des Normalbürgers, trostloseste Sumpfgebiet auf. Ich betrete den Sumpf wie einen heiligen Ort – ein *sanctum sanctorum*. Dort ist die Kraft, das Mark der Natur. Urwald bedeckt den jungfräulichen Boden – der Boden ist für Menschen und Bäume gleich gut. Für seine Gesundheit braucht der Mensch so viele Morgen Land vor seiner Tür wie seine Felder Fuhren von Mist brauchen. Das Land ist die entscheidende Substanz, von der er sich ernährt. Eine Stadt wird nicht nur durch die Gerechten gerettet, die in ihr leben, sondern ebenso sehr durch die Wälder und Sümpfe, die sie umgeben. Eine Gemeinde, über der urwüchsiger Wald wogt, in dessen Tiefen noch ein Urwald vermodert, eine solche Stadt ist in der Lage, nicht nur Getreide und Kartoffeln hervorzubringen, sondern auch Dichter und Philosophen für kommende Zeiten. Auf solchem Boden wuchsen Homer, Konfuzius und all die anderen heran, aus solcher Wildnis stammt der Erneuerer, der Heuschrecken und wilden Honig isst.[23]

Um wilde Tiere zu schützen, muss man einen Wald anlegen, in dem sie leben und Zuflucht finden können. Das Gleiche gilt für den Menschen. Vor hundert Jahren wurde auf den Straßen Rinde verkauft, die man von den Bäumen unserer heimischen Wälder abgeschält hatte. Der bloße Anblick dieser urwüchsigen, robusten Bäume hatte, wie mir scheint, einen gerbenden Effekt und härtete und festigte die Fasern der menschlichen Gedanken. Ach! Schon allein der Gedanke an dieses vergleichsweise degenerierte Leben heute in meiner Heimatstadt, wo man keine Fuhre Rinde von ausreichender Stärke mehr auftreiben kann und wir daher auch keinen Teer und kein Terpentin mehr produzieren, macht mich schaudern.

Die zivilisierten Nationen – Griechenland, Rom, England – wurden bei Kräften gehalten von den urwüchsigen Wäldern, die dort vor langer Zeit verrottet sind. Solange der Boden nicht auslaugt, ist ihr Fortbestand sicher. Aber wehe der menschlichen Kultur! Es ist wenig von einer Nation zu erwarten, wenn der Humus ausgelaugt ist und sie gezwungen wird, aus den Knochen ihrer Väter Dünger herzustellen. Dann zehrt auch der Dichter nur noch von seinem Fettpolster und der Philosoph magert ab bis auf die Knochen.

Es heißt, die Aufgabe des Amerikaners sei es, »den jungfräulichen Boden zu bearbeiten«, und bereits jetzt nehme »die Landwirtschaft hierzulande Ausmaße an, die anderswo unbekannt« seien.[24] Ich glaube, dass der Farmer den Indianer auch deswegen verdrängt, weil er den Boden ausschöpft und sich selbst dadurch stärker und in mancherlei Hinsicht natürlicher macht. Neulich vermaß ich für jemanden eine gerade Linie von 664 Metern, die mitten durch einen Sumpf führte, an dessen Eingang die Worte hätten geschrieben stehen können, die Dante über dem Eingang zur Hölle las: »Lasst ihr, die ihr eintretet, alle Hoffnung fahren«[25] – die Hoffnung nämlich, jemals wieder herauszukommen; dort sah ich meinen Auftraggeber tatsächlich einmal bis zum Hals im eigenen Besitz um sein Leben schwimmen, und dabei war es noch Winter. Er besaß noch ein ähnliches Sumpfgebiet, das ich unmöglich vermessen konnte, weil es vollständig unter Wasser lag; dennoch bemerkte er im Hinblick auf einen dritten Sumpf, den ich aus einiger Entfernung begutachtete, sein Instinkt sage ihm, sich um keinen Preis davon zu trennen wegen des Torfschlamms, den er enthalte. Dieser Mann beabsichtigt, innerhalb von vierzig Monaten einen Entwässerungsgraben um das ganze Gebiet anzulegen, um so, durch den Zauber seines Spatens, Erlös zu gewinnen. Ich erwähne ihn nur als einen von vielen seines Schlages.

Nicht Schwert und Lanze sind die Waffen, mit denen wir unsere wichtigsten Siege errungen haben und die als Erbstücke von Vater zu Sohn weitergegeben werden sollten, sondern Buschmesser, Torfmesser, Spaten und Hacke, rostig vom Blut der vielen Wiesen und verdreckt vom Staub hart erkämpfter Felder. Der starke Wind blies das Maisfeld des Indianers ins Grasland hinein und wies einen Weg, dem er nicht folgen konnte, weil ihm die Mittel fehlten. Er besaß kein besseres Werkzeug, um sich durch das Land zu graben, als eine Muschelschale. Der Farmer dagegen ist mit Pflug und Spaten bewaffnet.

In der Literatur fasziniert uns nur das Wilde. Zahmheit ist lediglich ein anderes Wort für Eintönigkeit. Uns begeistern die unzivilisierten, freien und wilden Gedanken in *Hamlet*, in der *Ilias* und in allen Heiligen Schriften und Mythologien, die nicht in den Schulen gelehrt werden. Wie die Wildente schneller und schöner ist als ihre zahme Verwandte, so ist der wilde Gedanke wie eine Stockente, die inmitten des fallenden Taus über dem Sumpfland dahinfliegt. Ein wirklich gutes Buch ist so natürlich, so überraschend und unerklärlich schön und vollkommen wie eine Wildblume, die man in den Prärien des Westens oder in den Dschungeln des Ostens entdeckt. Genie ist ein Licht, das die Dunkelheit erhellt, es ist wie ein Blitz, der selbst den Tempel des Wissens zum Einsturz bringen kann – nicht wie eine Wachskerze auf dem Kaminsims der Menschheit, die noch vor Tagesanbruch verglimmt.

Die englische Literatur von den Minnesängern bis zu den *Lake Poets*[26] – einschließlich Chaucer,

Spenser und Milton, ja sogar Shakespeare – atmet keinen solchen frischen und in diesem Sinne wilden Geist. Es ist eine dem Wesen nach zahme und zivilisierte Literatur, ein Spiegel Griechenlands und Roms. Ihre Wildnis ist der grüne Wald, ihr wilder Mann ist Robin Hood. Es ist viel von aufrichtiger Liebe zur Natur die Rede, aber weniger von der Natur selbst. Aus ihren Erzählungen erfahren wir, wann die wilden Tiere, nicht aber, wann der wilde Mensch in der Natur ausgestorben ist.

Die Wissenschaft eines Humboldt ist eine Sache, die Dichtkunst eine andere. Der Dichter heute ist ungeachtet aller wissenschaftlichen Entdeckungen und allen Wissens, das die Menschheit angehäuft hat, Homer nicht überlegen.

Wo ist die Literatur, die der Natur Ausdruck verleiht? Das wäre ein Dichter, der Winde und Flüsse in seinen Dienst nähme, damit sie für ihn sprächen; der die Worte auf ihre ursprünglichen Bedeutungen festnagelte wie ein Farmer Pflöcke in die zugefrorene Quelle einschlägt; der seine Worte von ihrem Ursprung herleitete, sooft er sie benutzt – sie seinem Papier mitsamt der Erde einpflanzte, die an ihren Wurzeln haftet; dessen Wörter so wahr und unverbraucht und natürlich wären, dass sie wie die Knospen aufsprängen, wenn der Frühling kommt, wenngleich sie halb erstickt zwischen zwei muffigen Buchseiten in einer Bibliothek lagen – ja, um dort Jahr für Jahr für den treuen Leser zu blühen und ihre Früchte zu tragen im Einklang mit der Natur ringsum.

Ich weiß nicht, welche Dichtung ich hier zitieren soll, die diese Sehnsucht nach dem Wilden angemessen ausdrückt. In diesem Licht erscheint sogar die beste Poesie zahm. Ich weiß nicht, wo in der alten oder neuen Literatur eine zufriedenstellende Schilderung der Natur, wie ich sie kenne, zu finden ist. Offensichtlich verlange ich etwas, das weder das augusteische noch das elisabethanische Zeitalter, kurz gesagt, das keine *Kultur* geben kann. Die Mythologie kommt diesem Ziel noch am nächsten. In wie viel fruchtbarerer Natur wurzelt zumindest die griechische Mythologie, verglichen mit der englischen Literatur! Die Mythologie ist die Frucht, welche die Alte

Welt hervorbrachte, bevor ihr Boden ausgelaugt war, bevor Phantasie und Vorstellungskraft vom Mehltau befallen wurden, und die sie auch jetzt noch hervorbringt, wo immer ihre ursprüngliche Kraft ungebrochen ist. Alle anderen Literaturen überdauern einfach nur wie jene Ulmen, die unsere Häuser beschatten; die Mythologie aber ist wie der große Drachenbaum der westlichen Inseln, der so alt ist wie die Menschheit und, sofern die Menschheit Bestand hat, ebenso lange existieren wird, denn die Vergänglichkeit der anderen Literaturen erzeugt den Boden, auf dem sie gedeiht.

Der Westen schickt sich an, den Fabeln des Ostens seine eigenen hinzuzufügen. Die Flusstäler des Ganges, des Nils und des Rheins haben ihre Ernte schon geliefert, nun wird man sehen, was die Täler des Amazonas, des Rio de la Plata, des Orinoco, des Sankt-Lorenz-Stroms und des Mississippi hervorbringen werden. Wenn die amerikanische Freiheit im Lauf der Jahrhunderte eine Fiktion der Vergangenheit geworden sein wird – wie sie in gewissem Maße auch eine Fiktion der Gegenwart ist –, dann werden die Dichter der Welt womöglich von der amerikanischen Mythologie inspiriert.

Die wildesten Träume wilder Menschen sind nicht weniger wahr, nur weil sie vielleicht nicht der Vernunft entsprechen, die heute unter Engländern und Amerikanern vorherrscht. Nicht jede Wahrheit entspricht dem gesunden Menschenverstand. In der Natur hat die wilde Clematis ebenso ihren Platz wie der Kohl. Manche Ausdrucksformen der Wahrheit erinnern uns an etwas, andere sind einfach nur *vernünftig*, wie man so schön sagt, wieder andere sind prophetisch. Manche Krankheiten können sogar Gesundheitszustände prophezeien. Geologen haben entdeckt, dass die Abbildungen von Schlangen, Greifvögeln, Flugdrachen und anderem phantasievollen Wappenschmuck auf Versteinerungen von Tierarten zurückgehen, die längst ausgestorben waren, bevor der Mensch erschaffen wurde, und die somit »auf ein schwaches, schemenhaftes Wissen um einen früheren Zustand organischen Lebens hinweisen«.[27] Bei den Hindus herrschte die Vorstellung, die Erde ruhe auf einem Elefanten, der Elefant auf einer Schildkröte und die Schildkröte auf einer Schlange; und auch wenn es ein unbedeutender Zufall sein mag ist es nicht verkehrt, an dieser Stelle darauf hinzuweisen, dass man in Asien vor kurzem das Fossil einer Schildkröte gefunden hat, die groß genug war, einen Elefanten zu tragen. Ich muss zugeben, dass mir diese wilden Phantasien, welche die zeitliche und entstehungsgeschichtliche Ordnung durchbrechen, gefallen. Für den Verstand sind sie die anspruchvollste Erholung. Das Rebhuhn liebt Erbsen, aber nicht die, die mit ihm im Kochtopf landen.

Kurz gesagt, alle guten Dinge sind wild und frei. In einer Melodie, ob sie nun von einem Instrument oder von der menschlichen Stimme erzeugt wird – man denke etwa an den Klang eines Waldhorns in einer Sommernacht –, liegt etwas, das mich in seiner Wildheit – und das meine ich völlig ernst – an die Schreie wilder Tiere in ihren heimischen Wäldern erinnert. Es liegt so viel von ihrer Wildheit darin, wie ich verstehen kann.

Gebt mir wilde Menschen als Freunde und Nachbarn, nicht zahme. Die Wildheit der Unzivilisierten ist nur eine blasse Kopie jener unerbittlichen Wildheit, mit der gute Männer und Liebende sich begegnen.

Es gefällt mir auch, wenn ich sehe, wie die domestizierten Tiere ihre angeborenen Rechte wieder beanspruchen – wenn ich einen Beweis dafür erkenne, dass sie ihr ursprüngliches, wildes Verhalten und ihre Vitalität noch nicht ganz verloren haben; wenn zum Beispiel die Kuh meines Nachbarn zu Beginn des Frühlings aus der Viehweide ausbricht und wagemutig den Fluss durchschwimmt, einen kalten, grauen Strom, fünfundzwanzig oder dreißig Ruten[28] breit, der vom Schmelzwasser angeschwollen ist. Dann ist sie wieder der Büffel, der den Mississippi überquert. Dieser Kraftakt verleiht der ohnehin schon Achtung gebietenden Herde noch mehr Würde. Wie die Samenkörner im Innern der Erde bleibt die Saat des Instinkts unter den dicken Häuten der Rinder und Pferde für unbestimmte Zeit erhalten.

Bei Rindern erwartet man eigentlich keinen Spieltrieb. Aber eines Tages sah ich ein Dutzend Ochsen und Kühe in schwerfälligem Spiel rennen und herumtollen, riesigen Ratten oder gar jungen Katzen gleich. Sie schüttelten ihre Köpfe, reckten ihre Schwänze empor und sprangen einen Hügel hinauf und hinunter, und ich erkannte an ihren Hörnern und an ihrem Treiben ihre Verwandtschaft mit dem Rotwild. Aber wehe! Ein plötzliches lautes »Brr!« hätte ihren Übermut sofort gedämpft, sie vom Wild erneut zum Rind werden und ihre Flanken und Sehnen wie eine Lokomotive erstarren lassen. Wer, wenn nicht der Teufel, hat der Menschheit sein »Brr!« zugerufen? Tatsächlich hat das Leben der Rinder wie das vieler Menschen etwas Lokomotivenhaftes: Sie setzen einen Fuß vor den anderen, und der Mensch kommt mit seinen Maschinen dem Pferd und dem Ochsen auf halbem Weg entgegen. Jeder Teil des Körpers, den die Peitsche berührt hat, ist fortan gelähmt. Wer würde bei einem Tier aus der geschmeidigen Familie der Katzen von einer *Flanke* sprechen, wie wir es beim Rind tun?

Es freut mich, dass Pferde und junge Ochsen erst gezähmt werden müssen, bevor man sie zu Sklaven des Menschen machen kann, und dass selbst die Menschen noch ein paar Körner Wildhafer zum Aussäen übrig haben, bevor sie zu unterwürfigen Mitgliedern der Gesellschaft werden. Zweifellos eignen sich nicht alle Menschen gleich gut zu Untertanen der Zivilisation; und die Tatsache, dass die Mehrheit so zahm veranlagt ist wie Hunde und Schafe, rechtfertigt nicht, den Charakter der Übrigen zu unterjochen, bis sie auf einer Stufe mit der Mehrheit stehen. Die Menschen sind sich im Großen und Ganzen sehr ähnlich, aber sie wurden ungleich erschaffen, damit sie vielfältig werden. Für eine einfache Aufgabe ist der eine fast oder ebenso gut geeignet wie der andere; doch bei anspruchsvollen Tätigkeiten muss die individuelle Begabung berücksichtigt werden. Jeder vermag ein Loch zu stopfen, um den Wind abzuhalten, aber kein anderer besitzt eine so seltene Begabung wie der Autor dieses Beispiels.[29] Konfuzius sagt: »Die Häute von Tiger und Leopard unterscheiden sich, wenn sie gegerbt sind, nicht von den gegerbten Häuten von Hund und Schaf.« Dabei ist es ebenso wenig die Aufgabe wahrer Kultur, Tiger zu zähmen, wie Schafe in Rage zu bringen; und auch ihre Häute zu gerben, um Schuhe daraus zu machen, ist nicht der beste Nutzen, den man aus ihnen ziehen kann.

⋆

Wenn ich eine Liste mit Namen in einer fremden Sprache durchsehe, beispielsweise von Offizieren oder Autoren, die etwas über ein bestimmtes Thema geschrieben haben, dann werde ich wieder daran erinnert, dass der Name selbst gar nichts aussagt. Der Name Menschikoff zum Beispiel klingt für meine Ohren nicht menschlicher als ein Schnurrbart, und der könnte auch einer Ratte gehören. Wie die Namen der Polen und Russen für uns klingen, so klingen die unsrigen für sie. Es ist, als wären sie nach einem Kinderreim benannt: *Ene mene minke tinke, wade rade rollke tollke, wiggel waggel weg.* Vor meinem geistigen Auge sehe ich eine Herde wilder Tiere über die

Erde ziehen, und jedem Tier hat der Hirte einen barbarischen Laut in seiner Mundart zugeordnet. Die Namen von Menschen sind natürlich genauso gewöhnlich und bedeutungslos wie Hundenamen, etwa *Boso* oder *Tray*.

Mir scheint, es wäre ein Vorteil für die Philosophie, wenn Menschen lediglich nach dem benannt würden, was im Ganzen über sie bekannt ist. Man müsste nur ihr Geschlecht kennen, vielleicht noch die Rasse oder Abstammung, um den Einzelnen zu verstehen. Wir sind nicht bereit zu glauben, dass jeder einfache Soldat der römischen Armee einen eigenen Namen hatte – weil wir nicht glauben, dass er einen eigenen Charakter besaß. Heute sind Spitznamen unsere einzigen wahren Namen. Ich kenne einen Jungen, der wegen seines ausgeprägten Tatendrangs von seinen Spielkameraden »Buster« gerufen wurde, ein Spitzname, der zurecht seinen Taufnamen verdrängte. Manche Reisende berichten, dass ein Indianer zunächst keinen Namen bekam, sondern dass er sich einen verdiente. Sein Name stand für seinen Ruf, bei einigen Stämmen war es sogar üblich, dass man nach jeder neuen Heldentat einen neuen Namen erhielt. Es ist erbärmlich, wenn ein Mensch nur einen x-beliebigen Namen trägt und sich weder einen Namen noch einen Ruf erworben hat.

Bloße Namen machen für mich noch keinen Unterschied, vielmehr nehme ich die Menschen herdenweise wahr. Ein vertrauter Name macht mir einen Menschen nicht weniger fremd. Man könnte diesen Namen ebenso gut einem Wilden geben, der seinen eigenen wilden Namen, den er sich im Wald erworben hat, geheim hält. Wir tragen einen Wilden in uns, und irgendwo ist vielleicht auch für uns ein wilder Name verzeichnet. Ich sehe, dass mein Nachbar, der den geläufigen Namen William oder Edwin trägt, diesen zusammen mit seiner Jacke auszieht. Er haftet ihm nicht an, wenn er schläft oder wütend ist oder eine Leidenschaft oder ein Einfall ihn erregt. In solchen Augenblicken glaube ich zu hören, wie einige aus seiner Verwandtschaft seinen ursprünglichen, wilden Namen in zungenbrecherischer oder melodischer Sprache aussprechen.

*

Ringsum liegt unsere gewaltige, wilde, heulende Mutter, die Natur, in ihrer Schönheit und ihrer Zuneigung für ihre Kinder einer Leopardin gleich; und doch werden wir so früh von ihrer Brust entwöhnt, um der Gesellschaft anzugehören, jener Kultur, die ausschließlich aus Interaktionen zwischen Menschen besteht – einer Art fortgesetzter Inzucht, die bestenfalls einen englischen Adel hervorbringt, eine Zivilisation, der ein rasches Ende bestimmt ist.

In der Gesellschaft und den besten menschlichen Einrichtungen lässt sich leicht eine gewisse Frühreife erkennen. Wir sind bereits kleine Erwachsene, wenn wir eigentlich noch heranwachsende Kinder sein sollten. Ich will eine Kultur, die den Schlamm von den Sumpfwiesen holt und den Boden damit düngt – keine, die auf Wärmedüngung, verbesserte Geräte und andere kulturelle Errungenschaften vertraut!

So mancher bedauernswerte Student mit entzündeten Augen, von dem ich gehört habe, würde geistig wie körperlich schneller wachsen, wenn er, anstatt abends so lange über seinen Büchern zu sitzen, mit gutem Gewissen so lange schlummerte, wie es einem Narren erlaubt ist.[30]

Vielleicht gibt es auch ein Übermaß an strahlendem Licht. Der Franzose Niépce[31] entdeckte die Aktinität, jene Kraft in den Sonnenstrahlen, die einen chemischen Effekt hervorruft – nämlich den, dass Granitfelsen, Steingebilde und Metallsäulen »bei Sonnenschein alle derselben zerstörerischen Kraft ausgesetzt sind und unter der zarten Berührung der geheimnisvollsten Macht des Universums bald zerstört würden, hätte die Natur nicht eine zweite, nicht weniger wundervolle Vorkehrung getroffen.« Er beobachtete nämlich, dass »jene Körper, die bei Tageslicht einer solchen Veränderung unterworfen waren, die Kraft besaßen, sich in den Nachtstunden, wenn sie diesem Reiz nicht mehr ausgesetzt waren, wieder in ihren ursprünglichen Zustand zurückzuversetzen.« Daraus wurde die Schlussfolgerung gezogen, dass »die Stunden der Dunkelheit für die anorganische Schöpfung ebenso notwendig sind wie die Nacht und der Schlaf für das Reich des Organischen.« Selbst der Mond scheint nicht jede Nacht, sondern gibt der Dunkelheit Raum.

Ich will nicht, dass jeder Mensch oder jeder Teil des Menschen kultiviert wird, genauso wenig, wie jeder Morgen Erdboden kultiviert werden soll: Ein Teil davon soll Ackerland werden, aber der größere Teil soll Wiese und Wald bleiben und keinem unmittelbaren Zweck dienen, sondern durch den jährlichen Zerfall der Vegetation, die er trägt, einen Humus für eine ferne Zukunft bilden.

Für ein Kind gibt es noch andere Buchstaben zu lernen als jene, die Kadmos erfand. Die Spanier haben einen guten Begriff für dieses wilde, verborgene Wissen: *gramática parda,* lohfarbene Grammatik, ein Begriff, der von derselben Leopardin[32] abstammt, die ich bereits erwähnt habe, und der so viel wie Mutterwitz bedeutet.

Wir haben von einer »Gesellschaft zur Verbreitung nützlichen Wissens« gehört. Man sagt, Wissen ist Macht, und ähnliche Dinge. Mir aber scheint, dass ein ebenso großer Bedarf an einer »Gesellschaft zur Verbreitung nützlichen Unwissens« besteht, von uns allerdings als »Wunderbares Wissen« bezeichnet, ein Wissen, das in einem höheren Sinne nützlich ist. Denn was ist ein Großteil unseres sogenannten Wissens, mit dem wir uns brüsten, anderes als die Einbildung, dass wir etwas wüssten, was uns wiederum des Vorteils unseres tatsächlichen Unwissens beraubt. Was wir Wissen nennen, ist oft nur unser positives Unwissen, und das Unwissen ist unser negatives Wissen. Durch jahrelangen beharrlichen Fleiß und Zeitungslektüre – denn was sind wissenschaftliche Bibliotheken anderes als Zeitungssammlungen? – häuft der Mensch eine Unmenge von Fakten an und legt sie in seinem Gedächtnis ab, und wenn er dann eines schönen Frühlingstages in die weiten Felder des Denkens hineinschlendert, grast er gewissermaßen wie ein Pferd und lässt sein Geschirr im Stall zurück. Der

»Gesellschaft zur Verbreitung nützlichen Wissens« möchte ich manchmal zurufen: »Geht hin und grast. Ihr habt lange genug Heu gefressen. Der Frühling ist da mit seinem Grün.« Sogar die Kühe werden vor Ende Mai auf die Weiden getrieben, obwohl ich von einem sonderbaren Bauern gehört habe, der seine Kuh im Stall behielt und sie das ganze Jahr hindurch mit Heu fütterte. So behandelt die »Gesellschaft zur Verbreitung nützlichen Wissens« für gewöhnlich ihr Vieh.

Die Unwissenheit eines Menschen ist manchmal nicht nur nützlich, sondern auch schön – während sein sogenanntes Wissen häufig nicht nur hässlich, sondern mehr als nutzlos ist. Mit welchem Menschen ist der Umgang angenehmer: mit einem, der nichts zu einem Thema weiß und gleichzeitig, was sehr selten vorkommt, weiß, dass er nichts weiß; oder mit einem, der tatsächlich etwas darüber weiß, aber glaubt, er wisse alles?

Mein Verlangen nach Wissen tritt periodisch auf; aber mein Verlangen, mit dem Kopf in Atmosphären einzutauchen, die meinen Füßen fremd sind, besteht permanent. Das Höchste, das wir erlangen können, ist nicht Wissen, sondern Verständnis von einem höheren Bewusstsein. Ich weiß nicht, ob dieses höhere Wissen zu etwas Klarerem führen wird als zu der neuen und großartigen Überraschung, dass wir plötzlich die Unzulänglichkeit all dessen erkennen, was wir bisher als Wissen bezeichnet haben – die Entdeckung, dass es mehr Dinge zwischen Himmel und Erde gibt, als unsere Schulweisheit sich träumen lässt.[33] Es ist, wie wenn das Sonnenlicht den Nebel erhellt. Mehr kann der Mensch in einem höheren Sinne nicht *wissen*, ebenso wenig wie er gelassen und ungestraft ins Antlitz der Sonne schauen kann: Ὡς τὶ νοῶν, οὐ κεῖνον νοήσεις, – »Du wirst dies nicht so erkennen, wie du einen einzelnen Gegenstand erkennen kannst«, heißt es in den Chaldäischen Orakeln.

Es liegt etwas Unterwürfiges in der Angewohnheit, nach einem Gesetz zu suchen, dem wir gehorchen können. Wir mögen die Gesetze der Materie zwar nach Belieben und zu unserem Nutzen studieren, doch ein erfolgreiches Leben kennt kein Gesetz. Natürlich ist es eine unerfreuliche Entdeckung, dass ein Gesetz uns bindet, wo wir uns bisher nicht gebunden glaubten. Lebe frei, du Kind des Nebels – und im Hinblick auf das Wissen sind wir alle Kinder des Nebels. Der Mensch, der sich die Freiheit nimmt, zu leben, steht aufgrund seiner Beziehung zum Gesetzgeber über allen Gesetzen. Im *Vishnu Purana* steht: »Wahre Pflichterfüllung ist nicht die, die uns bindet, wahres Wissen ist nur das, was uns befreit; alle übrige Pflichterfüllung führt nur zu Ermüdung, alles übrige Wissen ist nur die Geschicklichkeit eines Künstlers.«

★

Es ist bemerkenswert, wie wenige Höhepunkte oder Krisen es in unserer Geschichte gibt, wie wenig unser Verstand geschult wurde, wie wenige Erfahrungen wir gemacht haben. Zu gerne wäre ich gewiss, dass ich schnell und üppig wachse, auch wenn dieses Wachstum den dumpfen Gleichmut störte, und selbst wenn ich mich durch lange, dunkle, schwüle Nächte oder schwermütige Zeiten kämpfen müsste. Es wäre sogar schön, wenn unser ganzes Leben eine göttliche Tragödie wäre und nicht diese triviale Komödie und Farce. Dante, Bunyan[34] und andere scheinen ihren Verstand mehr geschult zu haben als wir: Sie waren einer Art von Kultur ausgesetzt, die sich unsere Bezirks- und höheren Schulen nicht einmal vorstellen können. Selbst Mohammed, bei dessen Erwähnung viele aufschreien werden, hatte sehr viel mehr, für das er leben und, ja, sterben wollte, als jene es für gewöhnlich haben.

Wenn einem, was selten geschieht, ein paar Gedanken kommen, während man vielleicht gerade an einem Bahndamm entlanggeht, dann rollen die Waggons vorüber, ohne dass man sie hört. Doch bald schon geht das Leben, einem unerbittlichen Gesetz folgend, weiter und die Waggons kehren zurück.

> Sanfte Brise, die du unbemerkt vorüberziehst,
> Und die Disteln im stürmischen Loira biegst,
> Du Reisende in windigen Schluchten,
> Warum hast du mein Ohr so schnell verlassen?[35]

Während sich fast alle Menschen zur Gesellschaft hingezogen fühlen, verspüren nur wenige einen starken Hang zur Natur. In ihrem Verhältnis zur Natur scheinen mir die Menschen ungeachtet ihrer Künste größtenteils auf einer niedrigeren Stufe zu stehen als die Tiere. Selten ist es ein so gutes Verhältnis, wie es bei den Tieren der Fall ist. Wie wenig wissen wir die Schönheit der Landschaft zu schätzen! Uns wurde gesagt, dass die Griechen die Welt Κὸσμος, also Schönheit oder Ordnung nannten, doch ganz klar ist uns nicht, warum sie das taten, und wir betrachten dies bestenfalls als philologische Kuriosität.

Was mich betrifft, so habe ich das Gefühl, dass ich im Hinblick auf die Natur in einer Art Grenzgebiet lebe, an der Grenze zu einer Welt, in die ich nur gelegentlich flüchtige Streifzüge unternehme, und der Patriotismus und die Loyalität gegenüber dem Staat, auf dessen Territorium ich mich zurückziehe, sind die eines Plünderers. Für ein Leben, das ich als natürlich bezeichne, wäre ich sogar bereit, einem Irrlicht durch unvorstellbare Sümpfe und Moore zu folgen, aber bisher haben mir weder der Mond noch ein Glühwürmchen den Weg dorthin gezeigt. Die Natur ist ein so riesiges und allumfassendes Wesen, dass wir ihr Antlitz nicht einmal ansatzweise gesehen haben. Wer durch die vertrauten Feldern wandert, die sich rund um meine Heimatstadt erstrecken, findet sich manchmal in einer völlig anderen Landschaft wieder, als sie im Grundbuch beschrieben ist, als läge sie auf einem weit entfernten Feld an Concords Grenzen, wo die Gesetze der Stadt nicht mehr gelten und die Vorstellung, die der Begriff »Concord« hervorruft, keine Bedeutung mehr hat. Diese Farmen, die ich selbst vermessen, diese Grenzlinien, die ich gezogen habe, sind nur unscharf zu erkennen, wie durch einen Nebel; doch es gibt keine Emulsion, um sie zu fixieren, ihr Bild verblasst auf der gläsernen fotografischen Platte, und das Bild, das der Maler gemalt hat, hebt sich nur schwach vom Untergrund ab. Die Welt, mit der wir allgemein vertraut sind, hinterlässt keine Spuren und es wird keinen Gedenktag für sie geben.

Vor ein paar Tagen unternahm ich eine Nachmittagswanderung durch Spauldings Farm. Ich sah, wie die untergehende Sonne den üppigen Kiefernwald gegenüber erleuchtete. Ihre goldenen Strahlen wanderten in die Flure des Waldes wie in eine prunkvolle Eingangshalle. Ich war so beeindruckt, als hätte sich eine altehrwürdige, vollkommen bewundernswerte, glanzvolle Familie in diesem Landstrich nahe Concord niedergelassen, mir unbekannt – deren Dienerin die Sonne war und die bisher weder die Gesellschaft der Städter gesucht noch Besucher empfangen hatte. Durch den Wald hindurch sah ich ihren Park, ihren Lustgarten auf Spauldings Cranberryfeld. Die Kiefern reckten sich wie Giebel über ihnen empor. Ihr Haus war nicht leicht auszumachen, denn es wuchsen Bäume hindurch. Ich bin mir nicht sicher, ob ich Geräusche gedämpfter Heiterkeit hörte. Sie schienen auf den Sonnenstrahlen zu ruhen. Sie haben Söhne und Töchter. Es geht ihnen sehr gut. Der Feldweg des Farmers, der mitten durch ihre Eingangshalle führt, stört sie nicht im Geringsten – wie man auch manchmal den schlammigen Grund eines Teiches durch das Spiegelbild des Himmels hindurchschimmern sieht. Von Spaulding haben sie nie gehört und wissen nicht, dass er ihr Nachbar ist – obwohl ich sein Pfeifen hörte, während er sein Gespann durch ihr Haus lenkte. Nichts kommt der heiteren Gelassenheit ihres Lebens gleich. Ihr Wappen ist eine einfache Flechte. Ich sah es auf die Kiefern und Eichen gemalt. Ihr Dachboden liegt in den Baumwipfeln. Politik interessiert sie nicht. Es war kein Arbeitslärm zu hören. Ich habe sie nicht weben oder spinnen sehen. Doch als der Wind sich legte und sein Rauschen verschwand, vernahm ich ein unvorstellbar feines, süßes melodisches Summen, wie von einem entfernten Bienenstock im Mai – vielleicht war das der Klang ihrer Gedanken. Sie hatten keine unnützen Gedanken, und kein Außenstehender konnte ihre Arbeit erkennen, denn ihr Gewerbe manifestierte sich nicht in Astknoten oder Wucherungen.

Es fällt mir jedoch schwer, mich ihrer zu erinnern. Selbst jetzt, während ich von ihnen spreche und mich bemühe, sie mir ins Gedächtnis zurückzurufen und mich zu erinnern, schwinden sie unwiederbringlich aus meiner Vorstellung. Nur nach langen und beträchtlichen Anstrengungen, mir meine besten Gedanken in Erinnerung zu bringen, wird mir ihre Nachbarschaft wieder bewusst. Wenn es Familien wie diese nicht gäbe, würde ich wahrscheinlich aus Concord wegziehen.

*

In Neuengland pflegen wir zu sagen, dass jedes Jahr immer weniger Tauben zu uns kommen. Unsere Wälder liefern ihnen keine Früchte mehr. Gleichermaßen scheint es, dass den älter werdenden Menschen Jahr für Jahr immer weniger Gedanken kommen, denn der Hain unseres Geistes ist abgeholzt – verkauft, um die Feuer unnützen Ehrgeizes zu schüren, oder zur Sägemühle geschafft, sodass kaum ein Zweig übrig ist, auf dem sie sich niederlassen könnten. Sie bauen keine Nester mehr noch brüten sie bei uns. Vielleicht huscht in besseren Zeiten über die

Landschaft des Geistes noch ein leichter Schatten, den auf seiner Frühlings- oder Herbstwanderung die *Schwingen* eines Gedankens werfen, doch wenn wir hinaufblicken, können wir den Gedanken selbst nicht unmittelbar erkennen. Unsere geflügelten Gedanken haben sich in Federvieh verwandelt. Sie schwingen sich nicht mehr in die Höhe und erreichen nur noch die Größe von Shanghai- oder Cochinchina-Hühnern. Diese ach so *groooßen Gedanken*, diese ach so *groooßen Männer*, von denen man hört!

Wir klammern uns an die Erde – wie selten erheben wir uns! Ich finde, wir könnten ein wenig mehr nach Höhe streben. Wir könnten wenigstens auf einen Baum klettern. Ich selbst kam auf meine Kosten, als ich einmal auf einen Baum stieg. Es war eine große Weymouths-Kiefer auf dem Gipfel eines Hügels, und obwohl sie ziemlich schwankte, wurde ich reich belohnt, denn am Horizont entdeckte ich neue Berge, die ich zuvor nie gesehen hatte – ich sah so viel mehr von der Erde und vom Himmel. Ich hätte siebzig Jahre lang um den Stamm des Baumes herumlaufen können und sie mit Sicherheit nie gesehen. Vor allem aber entdeckte ich – es war gegen Ende Juni – um mich herum, und zwar nur an den Spitzen der obersten Zweige, einige winzige zartrote, zapfenähnliche Blüten: der himmelwärts gewandte Blütenstand der Weymouths-Kiefer. Ich nahm die oberste Zweigspitze unverzüglich mit in die Stadt und zeigte sie den ortsfremden Geschworenen, die auf der Straße umhergingen – es war nämlich Gerichtswoche –, den Farmern, Holzhändlern, Baumfällern und Jägern, und nicht einer von ihnen hatte je etwas Ähnliches gesehen. Sondern sie bestaunten sie wie einen vom Himmel gefallenen Stern. Nennt mir nur einen antiken Baumeister, der die Arbeiten am Säulenkopf genauso sorgfältig ausgeführt hat wie die an den unteren, besser sichtbaren Abschnitten. Die Natur hat von Anfang an dafür gesorgt, dass sich die winzigen Blüten des Waldes nur zum Himmel recken, hoch über den Köpfen der Menschen und von ihnen unbemerkt. Wir sehen nur die Blumen, die unter unseren Füßen auf den Wiesen wachsen. Die Kiefern treiben ihre zarten Blüten seit Jahrhunderten an den höchsten Zweigen des Waldes aus, über den Köpfen der roten wie der weißen Kinder der Natur, und doch hat kaum ein Farmer oder Jäger im Land sie je gesehen.

★

Vor allem können wir es uns nicht leisten, nicht in der Gegenwart zu leben. Der ist der Gesegnetste unter allen Sterblichen, der keinen Augenblick des flüchtigen Lebens damit verliert, der Vergangenheit nachzuhängen. Wenn unsere Philosophie nicht jeden Hahnenschrei auf den Bauernhöfen im Umkreis hört, ist sie überholt. Dieser Laut erinnert uns gemeinhin daran, dass wir in unseren Beschäftigungen und Denkgewohnheiten eingerostet und antiquiert sind. Die Philosophie des Hahns stammt aus einer jüngeren Zeit als der unseren. Sie weist auf ein neueres Testament hin: auf das Evangelium dieses Augenblicks. Er ist nicht zurückgeblieben, sondern früh aufgestanden und aufgeblieben; und dort zu sein, wo er ist, bedeutet, zur rechten Zeit am rechten Platz zu sein, an der vordersten Front der Zeit. Es ist ein Ausdruck der Gesundheit und Ausdauer der Natur, eine Prahlerei vor aller Welt – Lebenskraft, die wie aus einer Quelle hervorsprudelt, ein neuer Musenbrunnen, um diesen letzten Augenblick zu feiern. Wo er wohnt, werden keine Gesetze zur Rückführung entlaufener Sklaven erlassen. Wer hat nicht seinen Herrn schon viele Male verraten, seit er diesen Klang zuletzt gehört hat?[36]

Der Vorzug des Hahnenschreis liegt darin, dass er absolut frei von Melancholie ist. Ein Sänger kann uns leicht zu Tränen rühren oder zum Lachen bringen, aber wo ist der, der in uns die reine Morgenfreude weckt? Wenn ich an einem Sonntag, trübsinnig und niedergeschlagen, die schreckliche Stille unserer hölzernen Bürgersteige durchbreche oder vielleicht in einem Trauerhaus die Totenwache halte und von nah oder fern einen jungen Hahn krähen höre, dann denke ich mir: »Wenigstens einer von uns ist wohlauf« – und auf einen Schlag bin ich wieder bei Sinnen.

⋆

Letzten November hatten wir eines Tages einen außergewöhnlichen Sonnenuntergang. Ich ging über eine Wiese, in der ein kleiner Bach entspringt, als die Sonne im letzten Moment, bevor sie nach einem kalten, grauen Tag sank, einen klaren Streifen Himmel am Horizont erreichte und das sanfteste, leuchtendste Morgensonnenlicht auf das dürre Gras und die Baumstämme am gegenüberliegenden Horizont warf, auch auf die Blätter der Buscheichen am Hang, während sich unsere Schatten über die Wiese lang nach Osten streckten, als wären wir die einzigen Staubkörnchen in ihren Strahlen. Ein solches Licht hätten wir uns einen Moment zuvor nicht vorstellen können, und auch die Luft war so warm und heiter, dass nichts fehlte, um die Wiese in ein Paradies zu verwandeln. Als wir begriffen, dass dies kein unwiederbringliches Phänomen war, eines, das nie wiederkehrt, sondern dass es immer und immer wieder an unzähligen Abenden auftreten und noch das jüngste Kind, das dort vorüberging, erfreuen und beruhigen würde, da war es noch viel herrlicher.

Die Sonne geht über einer brachliegenden Wiese, auf der kein Haus steht, mit derselben Pracht und Herrlichkeit unter, die sie über Städte ausschüttet und wie sie vielleicht zuvor nie untergegangen ist – dort, wo sie einem einsamen Habicht die Schwingen vergoldet oder nur eine Bisamratte aus ihrem Bau hervorschaut und ein kleiner, schwarz geäderter Bach mitten im Sumpf zu mäandern beginnt und sich gemächlich um einen zerfallenden Baumstumpf windet. Wir wanderten in einem so klaren und strahlenden Licht, das die verwelkten Gräser und Blätter mit Gold überzog, und es war so sanft und heiter strahlend, dass ich glaubte, noch nie in einer so goldenen Flut ohne Wellen und Rauschen gebadet zu haben. Die Westseite jedes Waldes und jeder Anhöhe schimmerte wie der Saum Elysiums, und die Sonne in unserem Rücken schien wie ein freundlicher Hirte, der uns am Abend heimwärts trieb.

So pilgern wir zum Heiligen Land, bis die Sonne eines Tages noch heller strahlen wird als je zuvor, ja vielleicht in unsere Herzen und Sinne hineinscheint und unser ganzes Leben mit einem großen, erweckenden Licht erhellt, so warm und heiter und golden wie an einem Bachufer im Herbst.

Anmerkungen

Vom Ungehorsam gegen den Staat

1. Aus: Charles Wolfe (1791–1823), »The Burial of Sir John Moore at Corunna«.
2. William Shakespeare, *Hamlet* V, 1, die Rede ist dort von Caesar; Übersetzung nach A. W. von Schlegel.
3. William Shakespeare, *König Johann* V, 2.
4. 1775, Beginn der Amerikanischen Revolution.
5. William Paley (1743–1805), *Principles of Moral and Political Philosophy* (1785).
6. Lukas 9,24.
7. Aus: Cyril Tourneur (1575?–1626), *The Revenger's Tragedy*.
8. Korinther 5,6.
9. Mitglied der »Independent Order of Odd Fellows«, eines philanthropischen Ordens.
10. Die ungefähre Summe der Kopfsteuer, deren Zahlung Thoreau verweigerte.
11. Samuel Hoar (1778–1856), Kongressabgeordneter aus Concord.
12. Matthäus 22,15–17.

13. *Analekten* des Konfuzius, 8, 13.
14. Ironische Anspielung auf *Le Mie Prigioni*, die Memoiren des italienschen Patrioten Silvio Pellico (1789–1854).
15. Aus: George Peele (1558?–1598?), *The Battle of Alcazar.*
16. Daniel Webster (1782–1852), Senator aus Massachusetts.
17. Meng-Tse (370?–290? v. Chr.).

Vom Gehen durch die Natur

1. Volksetymologische Herleitung nach Samuel Johnson, *A Dictionary of the English Language* (1755).
2. Peter von Amiens (1050–1115), französischer Mönch und Anführer des Ersten Kreuzzugs.
3. Spaziergänger werden geboren, nicht gemacht.
4. Aus: *A Lytell Geste of Robyn Hode*, in: Joseph Ritson, *Robin Hood: A Collection of All the Ancient Poems, Songs and Ballads* (1795).

5. William Wordsworth (1770–1850), englischer Dichter der Romantikbewegung.
6. Spaziergänge unter freiem Himmel, zitiert nach Plinius dem Älteren.
7. Heute Benin, Westafrika.
8. Marcus Terentius Varro (116–27 v. Chr.), römischer Gelehrter.
9. Évariste Régis Huc (1813–1860), französischer Entdecker und Missionar, *Recollections of a Journey through Tartary, Thibet, and China, during the Years 1844, 1845, and 1846* (1852).
10. Geoffrey Chaucer, *The Canterbury Tales*, übersetzt von Eduard Fiedler (1844).
11. John Milton (1608–1674), *Lycidas* (1645).
12. François André Michaux (1770–1855), französischer Botaniker, *The North American Sylva* (1810–1813).
13. Alexander von Humboldt (1769–1859), deutscher Naturforscher.
14. Arnold Henry Guyot (1807–1884), *The Earth and Man: Lectures on Comparative Physical Geography, in Its Relation to the History of Mankind* (1851).

15. François André Michaux, *Voyage à l'ouest des monts Alléghanys* (1808).
16. Sir Francis Bond Head (1793–1875), Vizegouverneur von Oberkanada und Schriftsteller, *The Emigrant* (1847).
17. Georges Louis Leclerc, Comte de Buffon (1707–1788), französischer Naturforscher, entwickelte die Theorie der biologischen Dekadenz der Neuen Welt.
18. Carl von Linné (1707–1778), schwedischer Naturforscher und Erfinder der binominalen Nomenklatur.
19. George Berkeley (1685–1753), irischer Theologe und Philosoph der Aufklärung, *Verses on the Prospect of Planting Arts and Learning in America* (1752).
20. Charles Darwin (1809–1882), englischer Naturforscher, *Journal of Researches* (1846).
21. Ben Jonson (1572–1637), englischer Dichter, *Love Freed from Ignorance and Folly* (1611).
22. Sir Richard Francis Burton (1821–1890), englischer Afrikaforscher und Konsul,

Personal Narrative of a Pilgrimage to El Medinah and Meccah (1856).

23. Johannes der Täufer; Matthäus 3,4.
24. Guyot, *Earth and Man.*
25. Dante Alighieri (1265–1321), italienischer Dichter und Philosoph, *Die Göttliche Komödie.*
26. Vor allem William Wordsworth (1770–1850) und Samuel Taylor Coleridge (1772–1834).
27. Robert Hunt (1807–1887), *The Poetry of Science* (1850).
28. Engl. »rod«, altes Längenmaß, 1 rod = 5,5 yard = 5,0292 Meter.
29. »Der große Cäsar, tot und Lehm geworden, Verstopft ein Loch wohl vor dem rauen Norden.« Aus: William Shakespeare, *Hamlet*, Akt 5, Szene 1, übersetzt von August Wilhelm Schlegel.
30. Englisches Sprichwort, »fool's allowance«: Six hours sleep for a man, seven for a woman, and eight for a fool.
31. Joseph Nicéphore Niépce (1765–1833), französischer Fotograf und Erfinder.

32. lat. *Panthera pardus*.
33. William Shakespeare, *Hamlet*, Akt 1, Szene 5.
34. John Bunyan (1628–1688), englischer Prediger und Autor von *The Pilgrim's Progress* (1678).
35. Ossian, Cath-Loda, Duan I.
36. Matthäus 26,69–75.